Politik begreifen

Schriften zu theoretischen und empirischen Problemen der Politikwissenschaft

Politik begreifen

Schriften zu theoretischen und empirischen Problemen der Politikwissenschaft

Band 26

Gott + Staat = Gottesstaat?
Das Verhältnis von Staat und Religion in Christentum und Islam

von

Bastian Strobel

Herausgegeben von
Prof. Dr. Johannes Marx
Dr. Annette Schmitt

Tectum Verlag

Bastian Strobel

Gott + Staat = Gottesstaat? Das Verhältnis von Staat und Religion in Christentum und Islam

Politik begreifen: Schriften zu theoretischen und empirischen Problemen der Politikwissenschaft; Band 26

ISBN: 978-3-8288-4040-9

ISSN: 1867-755X

E-Book: 978-3-8288-6755-0

Umschlagabbildung: shutterstock.com © Elena Dijour

Druck und Bindung: CPI buchbücher.de, Birkach
Printed in Germany

Besuchen Sie uns im Internet
www.tectum-verlag.de

Bibliografische Informationen der Deutschen Nationalbibliothek
Die Deutsche Nationalbibliothek verzeichnet diese Publikation in der Deutschen Nationalbibliografie; detaillierte bibliografische Angaben sind im Internet über http://dnb.ddb.de abrufbar.

Vorwort der Herausgeber

Bastian Strobel beschäftigt sich mit einer der wichtigsten Fragen der gegenwärtigen Politischen Theorie. Er untersucht das Verhältnis von Religion und Staat am Beispiel ausgewählter Denker des Christentums sowie des Islams. Für das Christentum zieht er stellvertretend Augustinus, Joseph Ratzinger und Heinrich Bedford Strohm heran. Die muslimische Sicht auf das Verhältnis von Staat und Kirche wird am Beispiel von Hassan al-Banna und Ayatollah Ruhollah Khomeini herausgearbeitet. Dabei diskutiert er, wie die die jeweiligen Positionen aus Sicht der liberalen Theorie zu bewerten sind.

Dem Verfasser gelingt es auf überzeugende Weise, die Vielzahl unterschiedlicher Positionen und die inhaltliche Breite der Religionen herauszuarbeiten. Er zeigt darüber hinaus, dass die besprochenen christlichen Religionsauffassungen eher mit einer liberalen Vorstellung des Verhältnisses von Kirche und Staat zu vereinen sind als die besprochenen muslimischen Positionen und bestätigt damit die Thesen Tocquevilles.

Bei dem vorliegenden Beitrag handelt es sich um eine äußerst kenntnisreiche, informative Arbeit, die unserem Anspruch, komplexe Fragestellungen theoriegeleitet und systematisch zu analysieren, in vorbildlicher Weise gerecht wird. Deshalb wurde sie mit dem Tectum-Preis 2017 ausgezeichnet. Wir freuen uns, sie mit der Publikation in unserer Reihe „Politik begreifen“ einer breiteren Öffentlichkeit zugänglich machen zu können.

Die Herausgeber

Inhalt

1 Einleitung

"Der freiheitliche, säkularisierte Staat lebt von Voraussetzungen, die er selbst nicht garantieren kann."[1] Das berühmte Böckenförde-Diktum besagt, dass liberale Staaten, wie sie in der westlichen Welt vorkommen von Voraussetzungen leben, die andere für sie geschaffen haben. Diese Voraussetzungen wurden zum einen durch das Christentum, zum anderen durch die Aufklärung und die scheinbare Überwindung der christlichen Vorrangstellung erreicht. Der ehemalige Verfassungsrichter Böckenförde geht davon aus, dass liberale Staaten diese Voraussetzungen nicht garantieren können, da diese nicht in der Lage sind die Voraussetzungen zu reproduzieren. Der liberale Staat ist laut Böckenförde darauf angewiesen, dass es Wahrheitsstifter gibt, die den Bürgern einen Sinn und eine Wahrheit vermitteln, die der Staat nicht kommunizieren kann. Für Böckenförde geht es um Folgendes: "Vom Staat her gedacht, braucht die freiheitliche Ordnung ein verbindendes Ethos, eine Art 'Gemeinsinn' bei denen, die in diesem Staat leben."[2] Dieser "Gemeinsinn" muss nicht unbedingt Religion sein, sondern es geht um eine einheitliche Weltanschauung, die alle Bürger verbindet. John Rawls würde dies den Overlapping Consensus, einen Konsens dem alle Weltanschauungen zustimmen können, nennen.

Nun kann man sich fragen, warum ein Zitat eines Verfassungsrichters aus dem Jahr 1964 heute noch aktuell ist. Zum einen hat der Islamistische Terror, der seit den 1990er Jahren viele Länder des Westens erschüttert, dazu beigetragen. Zum anderen aber sind auch grundlegende ethische Fragen, ausgelöst durch technischen Fortschritt, in den westlichen Demokratien aufgetreten, die die Grundhaltungen eines jeden Einzelnen betreffen.[3] Ein dritter Punkt der nicht vergessen werden darf ist, dass Religion aus verschiedenen Gründen wieder an Bedeutung gewinnt. Ein Grund hierfür ist ein gestiegenes Gefühl der Unsicherheit, sei es durch Globalisierung oder Abstiegsangst, in den Bevölkerungen des Westens wieder an Bedeutung gewinnen.

Der islamistische Terror ist im Jahr 2017 kein neues Phänomen. Spätestens seit dem 11. September 2001 ist wohl jedem klar, dass dieser bis heute eine

---

[1] Böckenförde, Ernst-Wolfgang: Staat, Gesellschaft, Freiheit. Studien zur Staatstheorie und zum Verfassungsrecht. Suhrkamp-Verlag. Frankfurt am Main. 1976. S. 60.

[2] Frankfurter Rundschau: "Freiheit ist ansteckend". 2. November 2010, S. 32 f.

[3] Polke, Christian: Öffentliche Religion in der Demokratie. Eine Untersuchung zur Weltanschaulichen Neutralität des Staates. Evangelische Verlagsanstalt. Leipzig. 2009. S. 45.

der Hauptbedrohungen der westlichen Demokratien im noch jungen 21. Jahrhundert darstellt. Der islamistische Terrorismus stellte und stellt die Staaten vor eine Herausforderung, die so vorher relativ unbekannt war. Zwar gab es auch vor den Anschlägen von Al-Quaida schon terroristische Anschläge, man erinnere sich nur an die RAF in der Bundesrepublik, allerdings ist die erneute Relevanz von Religion als Konfliktpotenzial für die meisten Staaten ungewohnt. In Europa sind die meisten Religionskriege schon seit dem 30jährigen Krieg abgehakt und wurden mit dem Westfälischen Frieden beendet. Das Vorgehen gegen Islamismus und letztlich religiöse Motive wurde ein Motor für die Sicherheitspolitik der letzten 15 Jahre, die viele Staaten nach dem Zusammenbruch des Ost-Blocks vernachlässigt hatten.

Ein zweiter Punkt, der die bestehende Relevanz von Religionen verdeutlicht, sind die grundlegenden ethischen Fragen, vor denen viele westliche Staaten in den letzten Jahren standen und stehen. Sei es die Erlaubnis von Abtreibung, die Präimplantationsdiagnostik oder die Sterbehilfe. Jede dieser politischen Fragen berührt auch die moralischen Vorstellungen jedes Einzelnen in der Gesellschaft. Da Religionen auf die Moralvorstellungen des Einzelnen großen Einfluss ausüben, haben sie in diesen ethischen Fragen wieder eine Relevanz erfahren, die es in dieser Form lange nicht gab.[4] Viele Vertreter der Säkularisierungsthese hatten nicht erwartet, dass dies in westlichen Gesellschaften möglich wäre, da für diese Vertreter die Entwicklung der heutigen westlichen Welt in der Abgrenzung von Religion entstanden ist. Der technische und wissenschaftliche Fortschritt hat neue Fragen aufgeworfen und dadurch den Religionsgemeinschaften wieder zu einer neuen Relevanz in der politischen Diskussion verholfen.

Der dritte Punkt zielt auf neue Ängste in der Bevölkerung ab. Durch die Globalisierung, die Eurokrise und zuletzt die Flüchtlingskrise sind in den Bevölkerungen des Westens Ängste entstanden, die Populisten wie Donald Trump einige Wahlerfolge beschert haben.[5] Die diffuse Angst vor dem Fremden ist auch eine Angst vor der fremden Religion. Vielen Menschen in den USA, Deutschland, Frankreich, Österreich und anderen Ländern macht es Sorge, dass vermehrt Menschen zu ihnen kommen, die einer anderen Religion angehören und aus einem fremden Kulturkreis stammen. Die Angst vor Überfremdung ist auch die Angst davor, die eigene Identität zu verlieren. Die Identität also, die eng mit der sogenannten abendländischen christlich-jüdischen Tradition verbunden ist und die nun durch die Ankunft von immer mehr Menschen mit islamischer Religionszugehörigkeit scheinbar in Gefahr gerät. Auch die Angst, die durch die Globalisierung entstanden ist, führt dazu, dass

[4] Polke. 2009. S. 29.

[5] Polke. 2009. S. 30.

Religionen wieder wichtiger werden. Karl Marx bezeichnete die Religionen einst als Opium des Volkes und meinte damit, dass Menschen meist in Angstsituationen vermehrt zu Religiosität neigen und durch diese beruhigt werden. Für Marx war der Einsatz dieses Opiats aber ein Mittel der Kapitalisten, um das Proletariat ruhig zu stellen.[6] Die Religionssoziologie kann schon lange zeigen, dass Religionen in Krisen wieder relevanter werden, da diese den Menschen vermeintlich Halt und Sicherheit geben kann.[7]

Es wird somit deutlich, warum Religionsgemeinschaften im Jahr 2017 immer noch relevant sind und nicht aus der Betrachtung der Politikwissenschaft verschwinden sollten. Sie sind ein relevanter Faktor in der Tagespolitik eines jeden Landes und deshalb sollten die Einstellungen der Religionsgemeinschaften gegenüber dem Staat untersucht werden. In der nun folgenden Arbeit sollen deshalb religionsspezifische Unterschiede im Verhältnis von Staat und Religion betrachtet werden. Es geht vor allem darum, die klassische Sicht auf das Verhältnis, vom liberalen Standpunkt aus, aufzugeben und aus der Sicht einiger Denker des Christentums und Islams darauf zu blicken. Die Leitfragen der Arbeit sind deshalb folgende: Existieren religionsspezifische Unterschiede in der Sicht auf das Verhältnis von Staat und Religion zwischen ausgewählten Denkern des Christentums und des Islams? Unterscheidet sich deren Sichtweise von der liberalen Interpretation? Hierzu soll zuerst die liberale Sichtweise, die sich in den letzten 300 Jahren entwickelt hat, präsentiert werden, um daraus einen Anforderungskatalog zu erstellen, der an die Sichtweisen der religiösen Vertreter angelegt werden kann. Dazu werden neben Locke, Mill und Tocqueville auch Rawls, Taylor und Habermas betrachtet.

Im Anschluss daran folgt eine Vorstellung der christlichen Sichtweise auf das Verhältnis von Staat und Religion. Hierzu wird zuerst auf Augustinus verwiesen, der in "De Civitate Dei" wohl der erste religiöse Vordenker war, der das Verhältnis im fünften Jahrhundert systematisch analysiert hat. Im weiteren Verlauf kommen dann noch Joseph Ratzinger, der im Jahr 2005 zu Papst Benedikt XVI gewählt wurde, und Heinrich Bedford-Strohm, der Vorsitzende der Evangelischen Kirche in Deutschland, zu Wort, die die aktuelle Sichtweise der katholischen und evangelischen Kirche repräsentieren. Bei den Denkern des islamischen Glaubens soll vor allem die unterschiedliche Sichtweise von Schiiten und Sunniten betrachtet werden. Dazu werden die Schriften von Hassan al-Banna, dem Begründer der Muslimbruderschaft und des politischen Islam, sowie die Schriften von Ayatollah Ruhollah Khomeini, dem Gründer der Islamischen Republik im Iran, zu Grunde gelegt.

---

[6] Marx, Karl; Engels, Friedrich: Werke. Band 1. Karl Dietz Verlag. Berlin. 1976. S. 378 f.

[7] Knoblauch, Hubert: Religionssoziologie. de Gruyter Verlag. Berlin. 1999. S. 36 f.

Es ist zu erwarten, dass es einige Unterschiede zwischen den christlichen und muslimischen Denkern einerseits, aber auch innerhalb der Religionen andererseits gibt. Diese Erwartung erscheint schon fast trivial, ist aber eine logische Folge der Ausdifferenzierung innerhalb der verschiedenen Religionsgemeinschaften. Theologische Unterschiede bieten hier die Grundlage für unterschiedliche Auffassungen vom optimalen Verhältnis von Staat und Religion. Hierzu schreibt Alexis de Tocqueville im 19. Jahrhundert:

> "Mohammed hat nicht nur religiöse Lehren vom Himmel herabgeholt [...] sondern auch politische Leitsätze, bürgerliche und strafrechtliche Gesetze [...]. Das Evangelium spricht hingegen nur von den allgemeinen Beziehungen der Menschen zu Gott und untereinander. Außerhalb dessen lehrt es nichts und verpflichtet zu keinem Glauben. Dies allein genügt [...] daß die erstgenannte dieser beiden Religionen in Zeiten der Aufklärung und der Demokratie nicht lange herrschen kann, wogegen die zweite in solchen Zeiten wie in allen andern fortzudauern bestimmt ist."[8]

Der Hauptunterschied liegt für ihn darin, dass der Islam grundsätzliche politische Vorgaben macht, die das Christentum so nicht kennt. Deshalb sei der Islam nicht demokratiekompatibel, das Christentum aber schon. Daraus resultiert die zweite These: Es ist daher zu erwarten, dass die muslimischen Vorstellungen von al-Banna und Khomeini das liberale Anforderungsprofil nicht erfüllen werden. Gleichzeitig muss man aufgrund von Tocquevilles Aussage davon ausgehen, das Augustinus, Ratzinger und Bedford-Strohm mit dem liberalen Anforderungsprofil kompatibel sind.

---

8 Tocqueville, Alexis de; Mayer, J.P.(Hrsg.): Über die Demokratie in Amerika. Reclam-Verlag. 1985. S. 227.

2 Das liberale Verständnis von Religion im (demokratischen) Staat

Die Sicht des Liberalismus auf das optimale Verhältnis von Staat und Religion wird heutzutage häufig mit der Säkularisierungsthese verbunden. Man geht davon aus, dass der Rückzug der Religion ins Private und die Trennung von Staat und Religion für Vertreter des Liberalismus erstrebenswert sind. Im folgenden Abschnitt soll gezeigt werden, dass dies nicht für alle und längst nicht für die aktuellsten Vertreter der liberalistischen Idee gilt. In den letzten Jahren hat sich, vergleichbar zur Gesellschaft, auch im Liberalismus eine Wende hin zu post-säkularen Ideen vollzogen, die von Jürgen Habermas und Charles Taylor vertreten wird.

Deshalb soll im Folgenden nicht nur auf die Vertreter einer klassischen Vorstellung der Trennung von Staat und Religion wie Locke und Mill eingegangen werden, sondern es sollen auch andere Vorstellungen vorgelegt werden, in denen eine vollständige Trennung von Staat und Religion nicht vollzogen wird. Abschließend soll dann ein liberales Anforderungsprofil für das Verhältnis von Staat und Religion erstellt werden. Zu Beginn wird auf Lockes Vorstellung von Toleranz eingegangen.

2.1 Der Toleranzbegriff bei John Locke

Zu Lockes Lebzeiten (1632 - 1704) sind das Verhältnis von Staat und Religion, sowie das Verhältnis der christlichen Konfessionen untereinander hochaktuell. Unter dem Eindruck der europäischen Religions- beziehungsweise Konfessionskriege entwickelt John Locke seinen Toleranzbegriff, der dazu führen soll, dass sich militärische Konflikte aufgrund von unterschiedlichen religiösen Auffassungen nicht wiederholen. Für Locke sind die Religionskonflikte der Vergangenheit eine Verirrung der praktischen Vernunft der Menschen, da der Streit über das richtige Leben nicht die Sache der Religionen sondern des Staates ist. Dies hätten die Menschen nicht erkannt.[9] Doch wie lässt sich solch eine Verirrung verhindern? Für Locke gibt es dafür einen einfachen Plan, der zwei Stufen umfasst. Erstens die Trennung von Staat und Religion und zweitens die Toleranz der Religionen untereinander.

[9] Andrick, Michael: Göttlicher Wille und menschliche Macht. Strategien zur Befriedung der Gesellschaftbei Locke und Spinoza. Verlag Karl Alber. Freiburg im Breisgau. 2010. S. 140.

Wenn man den ersten Punkt, die Trennung von Staat und Religion, näher betrachtet, dann stellt man fest, dass diese Trennung nicht nur die Institutionen des Staates und der Kirche betrifft, sondern auch jeden einzelnen Menschen. Um die Trennung vollziehen zu können, muss der Mensch, Locke folgend, sittlich gespalten werden. Er bewegt sich nun in zwei Sphären. Zum einen der Sphäre der Moral beziehungsweise der Religion und zum anderen in der Sphäre der Politik beziehungsweise des Staates.[10] Der Mensch muss selbst immer überprüfen, in welcher Sphäre er sich gerade bewegt, und er muss es vermeiden, dass er Inhalte der einen in die andere überträgt. In der politischen Sphäre soll der Mensch rational handeln. Diese Rationalität verlangt, dass im Politischen die Kategorien gut und schlecht ignoriert werden. Stattdessen soll der Bürger beurteilen, ob etwas für das Wohl der gesamten Gesellschaft nützlich ist oder nicht. Selbst der Regent hat sich nach diesem Prinzip zu richten, denn sein Seelenheil ist seine Privatsache und sollte seine Politik nicht beeinflussen.[11] Laut Locke soll der Regent "heaven for himself and peace for his country"[12] anstreben.

Die Religion wird dadurch von Locke komplett ins Private verschoben. Er schreibt dazu im "Essay Concerning Toleration": Civil service "is a thing wholly between God and me."[13] Der Staat darf in diese Verbindung nicht eingreifen, denn Trennung von Staat und Religion meint für Locke nicht nur, dass die Religion sich nicht ins Politische einmischen darf, sondern, dass der Staat sich nicht ins Religiöse einmischen darf:

> "He [the magistrate] can right me against my neighbour but cannot defend me against my god. Whatever evil I suffer by obeying him in other things he can make me amends in this world, but if he force me to a wrong religion, he can make me noe in the other world"[14]

---

10 Andrick. 2010. S. 71.

11 Andrick. 2010. S. 80.

12 Andrick. 2010. S. 71

13 Locke, John: An Essay concerning Toleration (1689). In: Milton, Philip, Milton, J. R. The Clarendon Edition of the Works of John Locke: An Essay Concerning Toleration: And Other Writings on Law and Politics, 1667–1683. Oxford Scholarly Editions Online. 2013. http://www.oxfordscholarlyeditions.com/view/10.1093/actrade/9780199575732.book.1/actrade-9780199575732-div2-27?r-1=1.000&wm-1=1&t-1=contents-tab&p11=1&w1-1=1.000&p2-1=1&w2-1=0.400.

14 Locke. 1667. http://www.oxfordscholarlyeditions.com/view/10.1093/actrade/9780199575732.book.1/actrade-9780199575732-div2-27?r-1=1.000&wm-1=1&t-1=contents-tab&p1-1=1&w1-1=1.000&p2-1=1&w2-1=0.400.

Der Staat hat dadurch zwar das Recht im Diesseits zu regieren; aber alles was das Jenseits betrifft ist die Sache der Religion.

Der zweite wichtige Punkt neben der Trennung ist die Toleranz. Für Locke ist diese zentral, denn sie gewährleistet erst, dass die Trennung von Staat und Religion funktionieren kann. Der Begriff der Toleranz entwickelt sich allerdings erst spät bei Locke. Nach der Restauration der Monarchie ist er erst einmal gegen einen Religionspluralismus, da er der Meinung ist, dass dieser überhaupt erst Schuld sei an den Wirren der Religionskriege.[15] Die Einsicht, dass verschiedene Konfessionen auch friedlich zusammenleben können, kommt für Locke erst bei einer Reise nach Kleve. Dort leben Katholiken, Protestanten und Calvinisten friedlich miteinander und Locke versteht, dass religiöser Pluralismus keine Bedrohung für den Frieden sein muss.[16] In seinem 1689 veröffentlichten "Letter Concerning Toleration", entwickelt Locke nun einen Toleranzbegriff, der in der Ideengeschichte des Liberalismus einen hohen Stellenwert erhalten hat.

In diesem Brief an Philip van Limborch plädiert Locke für eine Toleranzpflicht für Kirchen.[17] Diese Toleranzpflicht haben sämtliche kirchlichen Gemeinschaften gegenüber anderen Religionsgemeinschaften aber auch gegenüber dem Staat. Die im "Essay Concerning Toleration" vollzogene Trennung von Kirche und Staat baut er weiter aus. Beispielsweise schränkt er durch die Toleranzpflicht die Bestrafungsmöglichkeiten von Kirchen bei einem Regelverstoß stark ein. Letztlich bleibt nur die Möglichkeit, ein Mitglied auszuschließen, wenn es gegen die kirchlichen Regeln verstößt.[18] Ist derjenige, der den Verstoß begeht, kein Mitglied der jeweiligen Kirche, dann hat die Kirche aufgrund der vorgeschriebenen Toleranz Andersdenkender gar keine Handhabe mehr über die Bestrafung des Delinquenten. Auch für den Staat gilt die oben beschriebene Toleranzpflicht. Solange das Verhalten eines Bürgers nur kirchliche Regeln verletzt, staatliche Gesetze aber einhält, muss die Exekutive dies akzeptieren und hat kein Recht einzugreifen.[13] Außerdem folgt aus der Trennung von Staat und Kirche indirekt die Toleranzpflicht des Staates, da eine Einmischung in religiöse Belange verboten ist. Locke schreibt hierzu in seinem "Letter Concerning Toleration":

---

[15] Brantl, Dirk: John Locke über Gründe und Grenzen der Toleranz. In: Brantl, Dirk; Geiger, Rolf; Herzberg, Stephan (Hrsg.): Philosophie, Politik und Religion. Klassische Modelle von Antike bis Gegenwart. Akademie-Verlag. Berlin. 2013. S. 148.

[16] Andrick. 2010. S. 67.

[17] Brantl. 2013. S. 153.

[18] Brantl. 2013. S. 153 f.

> "As the magistrate has no power to impose by his laws the use of any rites and ceremonies in any church, so neither has he any power to forbid the use of such rites and ceremonies as are already received, approved, and practiced by any Church"[19].

Selbst wenn diese Riten und Zeremonien dem Herrscher persönlich nicht gefallen, hat er keine Handhabe über deren Ausübung und muss sie tolerieren.

Allerdings hat die Toleranz gegenüber Religionsgemeinschaften für Locke auch seine Grenzen. Diese Toleranz endet, wenn die Ausübung der Religion das Handeln des Staates unterminiert. Aus diesem Grund sind Katholiken und Atheisten von diesem Toleranzrecht ausgeschlossen. Katholiken sind für Locke deshalb ausgeschlossen, da sie zwei weltlichen Herren dienen müssen, dem Papst und dem Herrscher des Staates. Für Locke kann jeder Mensch im Diesseits allerdings nur einem Herren hörig sein, was bei Katholiken zu Problemen führt. Vor allem der Umstand, dass der Papst seine Anhänger von der Treuepflicht gegenüber dem Landesherren freisprechen kann, stellt für Locke ein zentrales Problem dar.[20] Schließlich würde somit das staatliche Handeln unterminiert werden und zu neuen religiösen Konflikten führen. Katholiken sind somit nicht vertrauenswürdig und werden von Locke deshalb von der Toleranz ausgeschlossen. Ähnlich sieht es bei den Atheisten aus. Diese hält Locke für vertrauensunwürdig, denn diese können keinen belastbaren Treueschwur leisten. Für Locke braucht ein gültiges Versprechen immer eine Rückbindung an Gott, da dessen Strafandrohung bei einem Wortbruch diesen erst verhindern.[21]

Doch warum sollten die Kirchen die Toleranzpflicht akzeptieren? Welche Vorteile ergeben sich für sie daraus? Für Locke scheint es klar, dass die Kirchen ein Interesse an einer sicheren Existenz haben. Sie können es nicht wollen, dass Konflikte und Unsicherheit zurückkehren und werden deshalb auch die Toleranzpflicht akzeptieren.[22] Durch die Akzeptanz können die Kirchenmitglieder sich sicher sein, dass ihre eigene Religionsausübung durch andere religiöse Gruppen nicht gefährdet ist und sie ihr Leben nach ihren eigenen Vorstellungen leben können.

Die von Locke beschriebene Toleranzpflicht war nicht nur in der Ideengeschichte des Liberalismus relevant, sondern durch seine zwei Stufen, der

---

[19] Locke, John. A Letter Concerning Toleration. 1689. S. 25 f. http://socserv2.socsci.mcmaster.ca/econ/ugcm/3ll3/locke/toleration.pdf. (Stand: 09.12.2016).

[20] Brantl. 2013. S. 154.

[21] Brantl. 2013. S. 158.

[22] Andrick. 2010. S. 142.

Trennung von Staat und Kirche, sowie der Toleranzpflicht für religiöse Gruppen und den Staat, entwickelte er eine Religionsfreiheit, die in gewisser Form in der britischen und niederländischen Gesetzgebung bis heute existiert.[23] Diese Vorstellungen sind eindeutig säkular und klären das Verhältnis von Staat und Religion, indem sie beide Sphären strikt voneinander trennen. Diese Anforderung sowohl an den Staat als auch an die Kirchen prägen bis heute die westliche Vorstellung vom optimalen Verhältnis von Staat und Religion, obwohl sich die Realität in den meisten Staaten durchaus anders darstellt.

Im nächsten Teil sollen nun die Vorstellungen von John Stuart Mill und Alexis de Tocqueville vorgestellt werden, die, obwohl sie miteinander gut bekannt waren und viele Ansichten teilten, relativ unterschiedliche Auffassungen über die optimale Rollenverteilung von Staat und Religion hatten.

2.2 Staat und Religion bei Tocqueville und Mill

Besieht man sich die Umstände, unter denen Alexis de Tocqueville (1805 - 1859) und John Stuart Mill (1806 - 1873) über Religionen nachdachten, dann könnten diese nicht unterschiedlicher sein. Während Tocqueville noch immer die Nachwehen der Französischen Revolution und der Napoleonischen Herrschaft in Frankreich erfährt, erlebt Mill eine zunehmende Liberalisierung Großbritanniens im 19. Jahrhundert, welche sogar den Katholiken wieder staatsbürgerliche Rechte einräumte. Aus diesen Gründen ergeben sich für beide auch sehr deutliche Unterschiede in der Betrachtung des Verhältnisses von Staat und Religion. Während Tocqueville für eine Stärkung der Religion in der Öffentlichkeit und eine Kompatibilität von Religion und Demokratie eintritt[24], überwiegt bei Mill der "Hass" auf alles, was mit dem Christentum zu tun hat, weshalb er Religionen am Liebsten aus der Öffentlichkeit verbannen würde.[25] Zuerst soll nun ein Blick auf das Rollenverständnis von Staat und Religion bei Tocqueville geworfen werden. Anschließend wird im Gegensatz dazu Mills Ansicht präsentiert.

---

[23] Polke. 2009. S. 42.

[24] Turner, Frank M.: Alexis de Tocqueville and John Stuart Mill on Religion. In: La Revue Tocqueville. Vol. 2. No. 2. 2006. S. 154.

[25] Waterman, A. M. C.: Mill versus Liberty. A review of Linda C. Rader's John Stuart Mill and the Religion of Humanity. In: The American Journal of Economics and Sociology. Vol. 64. No. 2. 02.04.2005. S. 725.

Alexis de Tocqueville erlebte, wie oben beschrieben, die Wirren Frankreichs im 19. Jahrhundert. Nach der Französischen Revolution, der Napoleonischen Herrschaft, der Restauration der Bourbonen-Herrschaft und den Revolutionen von 1830 und 1848 steckt Frankreich tief in der Krise. Dieses rührt daher, dass vor allem in der Französischen Revolution das Band zwischen Katholizismus und staatlicher Herrschaft zerschnitten wurde. Die Revolutionäre enteigneten die Kirche und zwangen die Bürger, sich von ihrer Religion abzuwenden. Die Folgezeit bis in die Mitte des 19. Jahrhunderts war durch religiöse Konflikte und das stetige Bemühen der katholischen Kirche, ihren alten Status wiederzuerlangen, gekennzeichnet.[26] Mitten in dieser Phase veröffentlicht Alexis de Tocqueville in zwei Schritten 1835 und 1840 sein Werk "Über die Demokratie in Nordamerika". Darin beschreibt er die gesellschaftlichen Verhältnisse und die politische Landschaft in den USA. Durch seine Erfahrungen in Amerika und viele Gespräche mit katholischen Geistlichen kommt Tocqueville zu einem Konzept von religiösem Leben in einer Demokratie.[27]

Tocqueville vertritt den Standpunkt, dass Religion und Demokratie nicht nur kompatibel sind, sondern dass sie einander bedingen. Nach Turner war Tocqueville wahrscheinlich so überwältigt vom religiösen Pluralismus der Vereinigten Staaten , dass er diesen als überzeugendes Argument für eine Kompatibilität von Religion und Demokratie sah.[22] Für Tocqueville ist es ein Fakt, dass das Christentum nicht als Institution, aber als Ideologie eine Demokratie dabei unterstützen kann, Gleichheit zu schaffen. Tocqueville ist der Überzeugung, dass Menschen nicht gleichzeitig politische Freiheit und religiöse Unabhängigkeit ertragen können. Dies würde nur zu Unsicherheit führen, da die Menschen nicht darauf vorbereitet sind, alles selbst zu regeln. Er schreibt dazu:

> "Bleibt weder im Religiösen noch im Politischen eine Autorität bestehen, so erschrecken die Menschen bald ob der unbegrenzten Unabhängigkeit. Die ständige Unrast aller Dinge beunruhigt und ermüdet sie."[28]

Weiter schreibt er:

> "Was mich betrifft, so bezweifle ich, daß der Mensch jemals eine völlige religiöse Unabhängigkeit und eine vollkommene politische Frei-

---

[26] Turner. 2006. S. 152.

[27] Turner. 2006. S. 154.

[28] Tocqueville. 1985. S. 227.

> heit ertragen kann; und ich bin geneigt zu denken, daß er, ist er nicht gläubig, hörig werden, und ist er frei, gläubig sein muß."[29]

Für Tocqueville bedingen sich Demokratie und Religion also. Schließlich kann der Mensch entweder frei von Religion oder frei von Herrschaft sein. Beides ist für ihn nicht möglich, da der Mensch sich nach einer Form der Leitung sehnt. Kommt diese nicht von der Religion, so Tocqueville, dann sucht sich der Mensch einen neuen Herrscher, dem er folgen kann. Wollen die Menschen also in einer Demokratie gleich sein, benötigen sie die Religion, um eine Leitung für ihre Handlungen zu erfahren.

Ein zweiter Punkt, den Tocqueville als Grund für die Kompatibilität beschreibt, ist in seinem Menschenbild verankert. Dieses schließt an Hobbes an und beschreibt den Menschen als egoistisches, nach Gewinn strebendes Wesen, dass durch die erreichte Gleichheit vereinzelt wird.[30] Religionen können diese menschlichen Wesenszüge abmildern:

> "Der größte Vorzug der Religionen besteht darin, daß sie ganz entgegengesetzte Triebe wecken. Es gibt keine Religion, die das Wünschen der Menschen nicht auf Ziele jenseits der irdischen Güter richtete."[25]

Durch diese eingreifende Art der Religionen unterstützen sie das Miteinander der Menschen in der Gesellschaft. Allerdings sind dazu nur Religionen mit moralischen Werten und Gesellschaftskonzeptionen geeignet, die auch kompatibel zu den Werten einer Demokratie sind. Religionen sollen die Gesellschaft unterstützen, sich aber nicht in die Herrschaftsausübung der Politik einmischen. Deshalb disqualifizieren sich für Tocqueville Religionen, die versuchen eigene Formen der Bestrafung oder der Politik der Gesellschaft überzustülpen. Für ihn ist deshalb der Islam, im Gegensatz zum Christentum, nicht kompatibel mit der Demokratie. Vorstellungen wie die *Shari'ah* sind nicht kompatibel mit den Werten einer Demokratie und disqualifizieren den Islam.[31] Dasselbe gilt allerdings auch für das Christentum, wenn es versucht seine Macht über die Ideologie hinaus wieder auf eine weltliche Herrschaft auszudehnen. Solange es sich aber in seinen durch die Aufklärung erreichten Schranken bewegt, stellt es keine Bedrohung dar und kann die demokratische Gesellschaftsordnung unterstützen.

Religionen haben für Tocqueville die Aufgabe

> "die allzu heftige und ausschließliche Neigung zum Wohlergehen, die die Menschen in Zeiten der Gleichheit empfinden, zu läutern, zu re-

[29] Tocqueville. 1985. S. 227 f.

[30] Tocqueville. 1985. S. 228.

[31] Tocqueville. 1985. S. 229.

geln und einzuschränken [...] es wird ihnen [allerdings] nicht gelingen, die Menschen von der Liebe zum Reichtum abzubringen, sie können sie aber dazu bringen sich nur auf eine ehrenhafte Weise zu bereichern."[32]

Diese Sicht reduziert die Religion auf ein utilitaristisches Werkzeug der Gesellschaft. Tocqueville glaubte nicht, dass säkulare Philosophie alleine in der Lage wäre, Werte und Moralformen zu etablieren, die, wie Turner es nennt, als Klebstoff der Gesellschaft wirken.[33] Besonders erfolgreich ist für Tocqueville diese utilitaristische Form der Religion in den USA zu beobachten, wo die Stabilität der Demokratie auf dem Einfluss der christlichen Vorstellungen gründet.[34] Tocqueville erkennt also schon im 19. Jahrhundert das, was Böckenförde in den 60er Jahren für die Bundesrepublik und sämtliche westlichen Demokratien beschreibt. Nämlich dass eine Demokratie Voraussetzungen braucht, die sie selbst nicht schaffen und auch nicht garantieren kann. Ob Böckenförde sich von Tocqueville inspirieren ließ ist hier allerdings nicht klar zu belegen.

Während bei Tocqueville die Religion also die Demokratie, unterstützt, sieht dies bei Mill gänzlich anders aus. Zu seinen Lebzeiten vermied Mill es, explizit über Religion zu schreiben. Er fürchtete, dass seine Ansichten über Religion und Religiosität seine politische und soziale Agenda unterminieren könnte.[35] Mill hatte wohl auch Angst vor dem Einfluss von Religionen in der Gesellschaft, da dieser dazu führen könnte, dass die Gläubigen der Weisheit der Intellektuellen, zu denen er sich selbst zählte, widerstehen und somit der Gesellschaft schaden könnten. Linda Raeder schreibt dazu: "Mill took it for granted that he and other 'better minds' would always know how to tell their less gifted neighbors what the latter 'really wish for' "[36] Aus Mills Sicht war gerade die christliche Religion in diesem Punkt gefährlich. Denn er glaubte, dass man Menschen verbessern könne. Konservative und christliche Menschen glauben, dass der Mensch von Gott schon perfekt geschaffen wurde und deshalb nicht mehr verbessert werden kann.[37] Für Mill war das Christentum also eine Gefahr für den menschlichen Fortschritt und somit auch für einen demokratischen Staat, der Gerechtigkeit und Freiheit anstrebt, und für eine Ökonomie, die versucht Fortschritt zu erreichen. Mills Verständnis von Demokratie ist geprägt durch den Glauben daran, dass diese eine Bewegung

---

[32] Tocqueville. 1985. S. 233.

[33] Turner. 2006. S. 155.

[34] Turner. 2006. S. 157.

[35] Turner. 2006. S. 160.

[36] Waterman. 2005. S. 729.

[37] Waterman. 2005. S. 727.

hin zum dauerhaften Wandel darstellt. Dieser Wandel sollte von der klassischen aristokratisch geprägten Gesellschaft hin zu einer Wissensgesellschaft führen.[38]

Deshalb stellte Mill die These auf, dass es nicht nur eine Trennung von Staat und Christentum geben müsse, sondern dass das Christentum direkt durch eine neue Zivilreligion abgelöst werden sollte. Mill sieht diese Zivilreligion als Werkzeug zur Veränderung und schreibt in seinen posthum veröffentlichten "Three Essays on Religion":

> "To speak first, then, of religious belief as an instrument of social good. [...] Undoubtedly mankind would be in a deplorable state if no principles or precepts of justice, veracity, beneficence, were taught publicly or privately [...] And since nearly everything of this sort which does take place, takes place in the name of religion; [...] the effect which the teaching produces as teaching, it is supposed to produce as religious teaching, and religion receives the credit of all the influence in human affairs which belongs to any generally accepted system of rules for the guidance and government of human life." [39]

Mill sieht also, dass die Religion als Lehrerin der Gesellschaft dienen kann. Dies kann aber eben nicht das Christentum, sondern nur die von ihm entwickelte *Human Religion*, eine Idee, die er von Auguste Comte übernimmt und weiterentwickelt.[40] Diese *Human Religion* ist dadurch geprägt, dass es zwar einen Gott gibt, dieser allerdings nicht allmächtig ist. Dieser Gott ermöglicht es den Menschen, sich frei zu entfalten, und gibt ihnen die Möglichkeit, irgendwann selbst gottgleiche Kräfte zu entwickeln. Für Mill erscheint es möglich, dass die Welt ein Schlachtfeld zwischen Gut und Böse ist. Allerdings kann Mills Gott alleine nicht gegen das Böse gewinnen und die Welt verändern; er braucht die Hilfe von Menschen.[41] Wenn die Menschheit dann aber eine gottgleiche Veränderungskraft erreicht hat, dann braucht sie auch keinen Gott mehr.[42] Mill erschafft so eine Religion, die den Menschen und nicht Gott

---

[38] Turner. 2006. S. 162 f.

[39] Mill, John Stuart: Essays on Ethics, Religion and Society. University of Toronto Press. Routledge & Kegan Paul. Toronto. 1969. S. 407.

[40] Schröder, Peter: "Devoid of Faith, yet terrified of Scepticism". Die Bedeutung der Religion in John Stuart Mills politischer Theorie von Staat und Gesellschaft. In Asbach, Olaf (Hrsg.): Vom Nutzen des Staates. Staatsverständnisse des klassischen Utilitarismus Hume-Bentham-Mill. Nomos-Verlag. Baden-Baden. 2009. S. 230.

[41] Malachuk, Daniel S.: Human Rights and a Post-Secular Religion of Humanity. In: Journal of Human Rights. Vol. 9. No. 2. 06.2010. S. 139.

[42] Waterman. 2005. S. 730.

in den Mittelpunkt stellt. Das Ziel dieser Religion ist die Verbesserung des Menschen, solange bis dieser unabhängig von Gott agieren kann und Gott dadurch überflüssig wird. Mill glaubte, dass nur diese Form der Religion moralische Vorstellungen und Werte produzieren könnte, die eine erfolgreiche Demokratie benötigt.[43] Diese Vorstellungen nennt Mill den *moral sense*. Dieser bindet die Menschen an gewisse moralische Vorstellungen der *Human Religion* und sichert so demokratische Werte wie Freiheit und Gleichheit.[44]

Auch bei Mill hat Religion einen utilitaristischen Charakter. Allerdings ist diese deutlich verschieden zu der Sichtweise von Tocqueville. Während Tocqueville das Christentum als optimale Unterstützung für die Demokratie sieht, möchte Mill das Christentum abschaffen und durch eine Zivilreligion ersetzen. Diese Zivilreligion soll die Gesellschaft hin zu einer Wissensgesellschaft wandeln, den Menschen perfektionieren und Werte und Moral produzieren, die die Demokratie unterstützen. Mill wollte durch diese Veränderung seine Utopie einer besseren Gesellschaft durchsetzen. Dies stützte seine politische Agenda von einer Liberalisierung der Gesellschaft und einer Abkopplung von christlichen Konfessionen und von einer Staatskirche, die in Großbritannien einen erheblichen Einfluss hatte. Durch die Transformation von christlicher Religion zu einer Zivilreligion soll irgendwann das Prinzip einer Religion und eines Gottes durch das Prinzip der Humanität abgelöst und Religion damit überflüssig werden.[45]

Im Gegensatz zum vorher beschriebenen Locke soll bei Mill und Tocqueville Religion nicht komplett vom Staatlichen und Politischen getrennt werden. Beide haben eine utilitaristische Sicht auf Religion, die nicht zur klassischen Säkularisierungsthese passt. Im nächsten Abschnitt wird nun näher auf die Vorstellungen von John Rawls zum Thema eingegangen. Es kann vorweggenommen werden, dass dessen Ideen wohl eher mittig zwischen den säkularen Vorstellungen Lockes und den utilitaristischen Vorstellungen Mills und Tocquevilles liegen werden.

2.3 Religionen in John Rawls Staatskonstruktion

John Rawls (1921 - 2002) Vorstellung darüber, wie Religion sein sollte und was Religion dürfen soll, sind tief in seiner eigenen Biographie verankert. Schon früh in seinem Leben wird Rawls als Christ geprägt. Seine Mutter war

[43] Turner. 2006. S. 166.

[44] Schröder. 2009. S. 242 ff.

[45] Turner. 2006. S. 167 ff.

Episcopalin und sein Vater Methodist und dadurch wächst Rawls religiös geprägt auf. Er schreibt in seinem Essay "Über meine Religion", dass er in der Jugend konventionell religiös, jedoch nicht allzu gläubig war. Während seines Einsatzes im Zweiten Weltkrieg, bei dem er einen guten Freund verliert, der durch Zufall an seiner Stelle stirbt und ihm die Grauen des Holocausts klar werden, verliert Rawls allerdings seine religiösen Überzeugungen und das Christentum wird ihm zunehmend fremd. Vieles von dem, was das Christentum propagiert, wie die Erbsünde, die Existenz von Himmel und Hölle oder die Erlösung durch den Glauben, hält er für moralisch falsch.[46] Für Rawls haben unterschiedliche Religionen unterschiedliche Funktionen. Im antiken Griechenland und Rom hatte die Religion einen bindenden Charakter für das Volk. Jenseits dessen konnte allerdings jeder in der Zivilgesellschaft frei agieren. Im Christentum hingegen sieht er eine Geschichte, die durch Verflechtungen von Staat und Kirche geprägt ist, die nur dazu dient, die moralische und politische Vormachtstellung des Christentums zu schützen. Daraus folgt für ihn, dass die Kirchen, egal welcher Konfession, im Kern gegen eine Glaubens- und Gewissensfreiheit waren.[47] Er plädiert deshalb für eine Trennung von Staat und Kirche und für eine Verankerung von Religions-, Gewissensfreiheit und Toleranz zwischen den Religionen. Die Toleranz ist vom Staat zu implementieren und schließt an den Lockeschen Toleranzbegriff an.[48] Doch wie stellt sich die Beziehung zwischen Staat und Religion in der Rawlsschen Vorstellung nun dar? Dies soll im Folgenden erläutert werden. Bevor auf die Verfassungsgebung und das Verhältnis von Staat und Religion eingegangen wird, muss aber zuerst das Menschenbild von Rawls geklärt werden.

Für Rawls sind die Menschen rational und vernünftig. Die Vernünftigkeit wird durch einen Willen zur Kooperation und ein Streben nach sozialer Gerechtigkeit ausgedrückt. Für Rawls ist dies Teil der menschlichen Natur.[49] Sie können entscheiden, was gut für sie ist und nach einer allgemeinen Vernunft handeln, die von klein auf beigebracht wurde. Den Eliten einer Gesellschaft kommt dabei die Aufgabe zu, Begründungen für die Vernunft zu finden, die jeder Bürger verstehen und aufgrund rationaler Überlegungen akzeptieren kann.[50]

---

[46] Rawls, John; Nagel, Thomas (Hrsg.): Über Sünde, Glaube und Religion. Wissenschaftliche Buchgesellschaft. Suhrkamp-Verlag. Berlin. 2010. S. 301-306.

[47] Rawls. 2010. S. 307.

[48] Rawls. 2010. S. 307 ff.

[49] Clayton, Matthew; Stevens, David: When God Commands Disobedience: Political Liberalism and Unreasonable Religions. In: Res Publica. No. 20. 2014. S. 68.

[50] Wolterstorff, Nicholas: Religious Reasons, Liberal Theory and Coercion. In: Schmidt, Thomas M.; Parker, Michael G. (Hrsg.): Religion in der pluralistischen Öffentlichkeit. Echter-Verlag. Würzburg. 2008. S. 70.

Eine weitere Bedingung für die Gesellschaft ist, dass jeder Bürger frei und gleichberechtigt den anderen gegenüber ist. Diese Gleichberechtigung entsteht durch einen Prozess im Urzustand. Durch den Schleier des Nichtwissens (*Veil of Ignorance*) hat kein Bürger valide Informationen über seine Position in der Gesellschaft noch über seine religiösen Einstellungen oder andere sozialen Merkmale. Rawls geht deshalb davon aus, dass die Menschen einer grundsätzlichen Gleichberechtigung sowie der Religionsfreiheit und anderen Rechten zustimmen würden, da sie später entweder religiöse Einstellungen haben könnten und kein Interesse an einer Benachteiligung haben.[51] Diese religiösen Einstellungen sind Weltanschauungen, und Rawls geht davon aus, dass jeder eine Weltanschauung besitzt, die seine eigenen Wertvorstellungen beeinflussen. Diese Weltanschauungen können Religionen sein; Rawls zählt aber auch den Liberalismus oder den Kommunismus dazu, die auf derselben Stufe stehen.[52] Deshalb ist für Rawls Pluralismus ein dauerhaftes und unerlässliches Merkmal von liberalen Gesellschaften.[53] Rawls erkennt damit gleichzeitig an, dass es aufgrund der verschiedenen Weltanschauungen unterschiedliche Theorien von Gerechtigkeit gibt. Deshalb verzichtet er in seiner Gerechtigkeitskonzeption auf Wahrheitsansprüche. Sein Modell ist ein System der fairen Kooperation und nur im Feld des Politischen relevant und deshalb können alle Menschen dieser Konzeption zustimmen.[54] Wie kommt ein solches System nun aber zustande und welche Rolle spielt die Religion darin?

Der Verfassungsprozess eines liberalen Staates, wie Rawls ihn sieht, ist in drei Phasen unterteilt. In der ersten Phase sorgen Philosophen und Gelehrte für eine Auswahl von mehreren, durch die Vernunft geprägten und wohl begründeten Verfassungsvorschlägen. In der zweiten Phase prüft jeder Bürger für sich, ob einer der Vorschläge mit der eigenen Weltanschauung im Einklang steht. In der dritten Phase werden die Ergebnisse des Entscheidungsprozesses öffentlich gemacht und es stellt sich heraus, ob die Wertvorstellungen der Weltanschauungen sich soweit überlappen, dass es einen Konsens für einen

---

[51] Hildt, Moritz: Gerechtigkeit, Pluralismus und liberale Bescheidenheit. Religion und Politik bei John Rawls. In: Brantl, Dirk; Geiger, Rolf; Herzberg, Stephan (Hrsg.): Philosophie, Politik und Religion. Klassische Modelle von Antike bis Gegenwart. Akademie-Verlag. Berlin. 2013. S. 207 ff.

[52] Hildt. 2013. S. 205.

[53] Schmidt, Thomas M.: Öffentliche Vernunft – vernünftige Öffentlichkeit? Zum Verhältnis von Rationalität und Normativität in Rawls' politischem Liberalismus. In: Schmidt, Thomas M.; Parker, Michael G. (Hrsg.): Religion in der pluralistischen Öffentlichkeit. Echter-Verlag. Würzburg. 2008. S. 88 ff.

[54] Schmidt. 2008. S. 90 ff.

der Vorschläge gibt.[55] Den Religionen und anderen Weltanschauungen kommt damit die Verantwortung für einen liberalen Pluralismus zu, da ihre Werte schon vor der Verfassungsgebung existieren. Ohne ihre Zustimmung kann es keinen *Overlapping Consensus* geben, wie Rawls den Konsens aller Weltanschauungen nennt. Dieser Konsens ist allerdings kein Kompromiss zwischen den konkurrierenden Weltanschauungen und Ideologien, sondern eine Inkorporation der verschiedenen Werte der einzelnen Ideologien in das Politische.[56] Entscheiden dürfen aber nur diejenigen Weltanschauungen, die vernünftig und nicht extrem beziehungsweise fundamentalistisch in ihrer Position sind.[57] Vernünftig sind diese dann, wenn sie grundsätzlich zur Kooperation bereit sind und anerkennen, dass andere Weltanschauungen gleichberechtigt sind.[58] Alle anderen Ideologien sollten kontrolliert werden, damit diese die geschaffene Gesellschaft nicht zerstören.[59]

Ist diese Gesellschaft nun geschaffen, kommt es zu einer Teilung der Gesellschaft in zwei Sphären. Diese ist ähnlich wie bei Locke eine Trennung in das Politische auf der einen und das Private auf der anderen Seite. Es entsteht dadurch eine Trennung des privaten Bekenntnisses zu einer Religion oder Weltanschauung und den geschaffenen öffentlichen Institutionen der Demokratie beziehungsweise des Staates. Diese Form der Trennung ist dann auch eine Trennung von Vernunft und Wahrheit.[60] Es entsteht eine zunächst säkulare Gesellschaft aufgrund der Zustimmung zum Verfassungsvorschlag.

Wie sieht nun aber der Alltag in diesen Gesellschaften aus? Grundsätzlich erlaubt Rawls trotz der Trennung von Staat und Religion, dass sich Religionsgemeinschaften zu fundamentalen Entscheidungen der Gesellschaft äußern dürfen. Gleichzeitig geht er aber davon aus, dass private Personen die Position der Religionsgemeinschaften nicht für ihre eigene Argumentation nutzen sollten, da die Werte, auf denen die Position einer Religionsgemeinschaft beruht, nicht von allen Bürgern geteilt wird.[61] Der Bürger sollte in einer De-

---

[55] Habermas, Jürgen: Nachwort. In: Rawls, John; Nagel, Thomas (Hrsg.): Über Sünde, Glaube und Religion. Wissenschaftliche Buchgesellschaft. Suhrkamp-Verlag. Berlin. 2010. S. 334 f.

[56] Rasmussen, David: Rawls, Religion, and the Clash of Civilizations. In: Telos. No. 167. New York.Summer 2014. S. 124.

[57] Habermas. 2010. S. 336.

[58] Hildt. 2013. S. 211.

[59] Clayton, Stevens. 2014. S. 72.

[60] Schmidt. 2008. S. 101.

[61] Sterba, James P.: Rawls and Religion. In: Davion, Victoria; Wolf, Clark: The Idea of a political Liberalism. Essays on Rawls. Rowman & Littlefield. Lanham. Boulder. New

batte seine Argumentation besser auf der Grundlage der Werte aufbauen, die im *Overlapping Consensus* von allen akzeptiert wurden. Es gibt für Rawls allerdings Ausnahmen zu dieser Regel: Zum einen dürfen religiöse Begründungen verwendet werden, wenn es um Gerechtigkeitsfragen in der Gesellschaft geht. Zum anderen dürfen Bürger jederzeit mit religiös fundierten Argumenten argumentieren, solange sie auch Argumente parat haben, die auf Grundlage des *Public Reason* beziehungsweise des *Overlapping Consensus* beruhen.[62] *Public Reason* ist hierbei die öffentliche Vernunft, die aus den Grundwerten besteht, auf die sich alle im *Overlapping Consensus* einigen konnten. Diese Argumente können auch noch nach einer Äußerung nachgeschoben werden. Dieser Vorbehalt oder *Proviso*, wie Rawls ihn nennt, ermöglicht es, dass weltanschauliche Gründe provisorisch in die Debatten eingebracht werden können, solange bis diese Begründungen durch vernünftige rein politische Gründe ersetzt werden.[63]

Für Rawls ist diese Form des öffentlichen Diskurses ein vernünftiger Pluralismus, da dieser als Letztbegründung immer den *Public Reason* hat, in welchem alle moralischen und politischen Werte vereint sind, auf dies sich die Gesellschaft einigen konnte.[64] Alles was darüber hinausgeht, liegt im Bereich der privaten weltanschaulichen Sphäre.

Rawls nennt diese Konzeption einen Politischen Liberalismus, der sich abgrenzt von dem Liberalismus, den er als Weltanschauung gleichberechtigt zu den Religionen sieht. Es geht ihm um eine Methode, mit der plurale Gesellschaften zu gerechten politischen Entscheidungen kommen können. Durch die Einigung auf eine Verfassung einigen sich die Weltanschauungen auch auf eine Methode der Entscheidungsfindung, können aber gleichzeitig ihre Pluralität bewahren. Die Trennung der Welt in zwei Sphären scheint erst klassisch säkular begründet zu sein. Jedoch kann diese Trennung durch gewisse Ausnahmen durchbrochen werden. Die Religionsgemeinschaften haben dadurch die Möglichkeit, sich an öffentlichen Diskursen zu beteiligen, und der Vorbehalt ermöglicht es Bürgern, weltanschauliche Argumente im Politischen zu verwenden. Außerdem werden die Religionsgemeinschaften gebraucht, da es ohne deren Zustimmung zu keiner Verfassung kommen würde. Rawls vertritt damit keine klare säkulare Position, sondern tendiert schon in eine post-säkulare Richtung, auch wenn die Trennung von Staat und Religion, nach Lockeschem Vorbild, immer noch deutlich wird. Die post-säkularen Ideen,

York. Oxford. 2009. S. 34.

62 Sterba. 2009. S. 35.

63 Hildt. 2013. S. 213.

64 Polke. 2009. S. 94.

die im nächsten Abschnitt vorgestellt werden, gehen diesen Weg noch weiter und fordern noch klarer als Rawls einen Einfluss der Religionsgemeinschaften im Politischen.

2.4 Post-Säkulare Ideen bei liberalen Denkern

Die Säkularisierungsthese passt nicht mehr zur Realität des 21. Jahrhunderts. Von diesem Standpunkt aus argumentieren viele liberale Autoren in den letzten 20 Jahren. Jürgen Habermas (1929 - heute) und Charles Taylor (1931 - heute) sind wohl die bekanntesten Vertreter dieser These, die im Folgenden dargestellt werden soll. Für Simon Wolfgang Fuchs und Stephanie Garling beginnt die gesamte Diskussion um Post-Säkularisierung mit Huntingtons Buch "The Clash of Civilizations?". In dieser Abhandlung formuliert Huntington die provokante These, dass das Christentum die einzige Religionsgemeinschaft ist, die demokratieverträglich existiert. Er argumentiert, dass dies durch die erreichte Trennung von Staat und Kirche möglich wurde und die Trennung nach Lockeschem Vorbild eine Voraussetzung für eine erfolgreiche Demokratie ist.[65] Fuchs und Garling widersprechen dieser These Huntingtons, indem sie argumentieren, dass Demokratie auch mit anderen Religionen funktionieren kann. Dort sind es nur andere Mechanismen, die das Verhältnis von Staat und Religion prägen.[66] Beispiele hierfür sind Indien, wo die meisten Menschen Hindus sind, oder für lange Zeit Indonesien und die Türkei, die islamisch geprägt sind. Außerdem gehen die beiden Autoren davon aus, dass die Säkularisierung auch in Europa nicht mehr voranschreitet, sondern dass sich das Verhältnis von Staat und Religion auf dem alten Kontinent regelmäßig wandelt und in verschiedenen Staaten verschieden ausdifferenziert.[59]

Bevor nun auf die neuen Vorstellungen der Post-Säkularisten eingegangen wird, soll zuerst noch einmal kurz auf die von Erin Wilson beschriebenen vier Schritte der Säkularisierung eingegangen werden, die von Vertretern der Säkularisierungsthese vorgebracht werden, um dann zu zeigen, warum diese nicht mehr in die heutige Zeit passen. Im ersten Schritt entstand in der Aufklärung eine klare Trennung der Sphären von Politik und Religion. Dieser Schritt wurde zumeist mit den Religionskriegen des 16. und 17. Jahrhunderts und der

---

[65] Fuchs, Simon Wolfgang; Garling, Stephanie: Religion und Demokratie. In: Fuchs, Simon Wolfgang; Garling, Stephanie (Hrsg.): Religion in Diktatur und Demokratie. Zur Bedeutung religiöser Werte, Praktiken und Institutionen in politischen Transformationsprozessen. LIT-Verlag. Berlin. 2011. S. xii.

[66] Fuchs, Garling. 2011. S. xii.

These, dass die Vermischung von Religion und Politik nur zu Konflikten führe, begründet.[67] Im zweiten Schritt erfolgt die endgültige Trennung durch den Westfälischen Frieden von 1648. Europa entwickelt sich ab diesem Zeitpunkt zu einem Kontinent der Nationalstaaten. Der Staat wird ab diesem Zeitpunkt zum Organisator der Gesellschaft und löst damit die Religion als Bindeglied ab und ordnet sich diese unter.[68] Im dritten Schritt wurde eine klare Verteilung geschaffen, die festlegt, was in der neuen Ordnung in die Bereiche der Politik und der Religion fallen. Hier führt man meist die bereits oben angeführte Lockesche Trennung in private und öffentliche Sphäre an.[69] Im vierten und letzten Schritt wird die Religion der Politik endgültig untergeordnet, indem diese als vormodern und irrational geframed wird. Somit wird vermieden, dass Religionsgemeinschaften einen Einfluss auf staatliche Entscheidungen haben, und Staaten haben die Möglichkeit, sich schnell zu modernisieren.[70]

So schön diese vier Schritte nun klingen, so viele Probleme bringen diese Annahmen auch mit sich. Zum einen wird ignoriert, dass die Realität heute eine ganz andere ist. Die Sphären von Staaten und Religionsgemeinschaften sind nicht getrennt, sondern verflochten. Das wird nicht nur in Deutschland deutlich, wo der Staat für die Kirchen eine Kirchensteuer eintreibt und Bischöfe bezahlt, sondern auch in anderen Ländern wie Polen, Frankreich oder Italien, wo religiöse Organisationen immer noch häufig Einfluss auf die politische Gestaltung haben. Auch die These der Privatheit von Religion ist wohl falsch. In Zeiten, in denen Millionen von Menschen bei Weltjugendtagen, Kirchentagen und anderen religiösen Veranstaltungen ihren Glauben öffentlich zeigen und Salafisten in Fußgängerzonen den Koran verteilen, kann von einer Privatheit der Religionsausübung keine Rede sein. Arianne Conti spricht sogar davon, dass die heutige Welt ohne den Wiederaufstieg der Religionen nicht nur in muslimisch geprägten Regionen, sondern auch in der westlichen Welt kaum zu erklären ist.[71] Dafür sorgten nicht nur die Terroranschläge der Islamisten und die daraus resultierenden Sicherheitsdebatten, sondern auch ethische Grundfragen von Abtreibung über Präimplantationsdiagnostik bis

[67] Wilson, Erin: Rethinking Religion and Politics in postsecular Europe. In: Jedan, Christoph: Constellations of value. European Perspectives on the Intersections of Religion, Politics and Society. LIT-Verlag. Berlin. 2013. S. 125.

[68] Wilson. 2013. S. 126.

[69] Wilson. 2013. S. 126 f.

[70] Wilson. 2013. S. 127 f.

[71] Conty, Arianne: Profane Illuminations: Democracy and Messianic Faith. In: Politics. Religion & Ideology. Vol. 16. No. 1. 2015. S. 42.

zur Beschneidung. Religionen werden wieder wichtiger in den Gesellschaften, doch wie können neue Theorien diese Realität besser abbilden?

Dieser Frage widmet sich seit einigen Jahren Jürgen Habermas. Nach Wilson ist für Habermas ist die Forderung nach einer Trennung von Staat und Religion eine unfaire Bürde für religiöse Menschen.[72] Wie sollen Menschen dem Anspruch gerecht werden, in der Öffentlichkeit und Politik ihre religiösen Überzeugungen zu ignorieren und aus einer öffentlichen Vernunft und Rationalität heraus zu argumentieren? Habermas hält dies für unmöglich und möchte den Menschen diese Bürde erst gar nicht auferlegen. Der Staat kann seiner Meinung nach von seinen Bürgern keine Religionsabstinenz verlangen, da deren Religionen jeden Lebensbereich der Bürger durchdringen.[73] Habermas akzeptiert deshalb Religion als eine Weltanschauung mit pro-sozialen Werten. Er möchte ihre Rolle in der Gesellschaft nicht einschränken, ist aber gleichzeitig vorsichtig, wenn es um ihre Rolle in der politischen Entscheidungsfindung geht.[74] Deshalb möchte er, dass sich Religionen nur in politische Diskurse einmischen, wenn es um ethische Grundfragen geht und ihre Werte und Meinungen in der Debatte einen wertvollen Beitrag leisten können. Um dies zu gewährleisten, müssen allerdings nicht-religiöse Akteure offen sein für die Argumente der Religionsgemeinschaften und religiöse Akteure müssen wiederum den säkularen Akteuren eine grundsätzliche Offenheit entgegenbringen. Denn ohne eine grundsätzliche Offenheit beider Seiten kann ein Diskurs sonst nicht gelingen.[75] Habermas schreibt dazu in seinem bekannten Diskurs mit Joseph Ratzinger:

> "Das Toleranzverständnis von liberal verfassten pluralistischen Gesellschaften mutet nicht nur den Gläubigen im Umgang mit Ungläubigen und Andersgläubigen die Einsicht zu, dass sie vernünftigerweise mit dem Fortbestehen eines Dissenses zu rechnen haben. Auf der anderen Seite wird dieselbe Einsicht im Rahmen einer liberalen politischen Kultur auch Ungläubigen im Umgang mit Gläubigen zugemutet."[76]

Und weiter schreibt er:

---

[72] Wilson. 2013. S. 124.

[73] Polke. 2009. S. 97.

[74] Jedan, Christoph: Towards the Postsecular: Rawls and the Limits of secular Public Reason. In: Jedan, Christoph: Constellations of value. European Perspectives on the Intersections of Religion, Politics and Society. LIT-Verlag. Berlin. 2013. S. 109.

[75] Polke. 2009. S. 96 f.

[76] Habermas, Jürgen; Ratzinger, Joseph: Dialektik der Säkularisierung. Über Vernunft und Religion. Herder-Verlag. Freiburg im Breisgau. 2005. S. 35.

> "Säkularisierte Bürger dürfen, soweit sie in ihrer Rolle als Staatsbürger auftreten, weder religiösen Weltbildern grundsätzlich ein Wahrheitspotential absprechen, noch den gläubigen Mitbürgern das Recht bestreiten, in religiöser Sprache Beiträge zu öffentlichen Diskussionen zu machen."[77]

Mandatsträger sollten seiner Meinung nach aber bei der Findung ihrer politischen Position trotzdem die eigenen religiösen Ansichten, soweit als möglich, ignorieren. Sie sollten vielmehr aus einer Vernunft heraus argumentieren, die der Vernunftvorstellung Rawls entspricht. Dies soll verhindern, dass Bürger, die nicht die Religion des Mandatsträgers unterstützen, verschreckt werden und Angst um ihre politische Repräsentation haben müssen.[78] Trotzdem wird Religion bei Habermas nicht aus dem politischen Prozess ausgeschlossen, sondern in diesen inkludiert. Für ihn ist der wahre Kern eines liberalen Staates die Offenheit und Toleranz allen Weltanschauungen gegenüber. Er vertritt damit eine gänzlich andere Auffassung als Vertreter der Säkularisierungsthese wie Locke und geht mit seinen Forderungen auch noch weiter als Rawls.

Neben Jürgen Habermas hat auch Charles Taylor der Säkularisierungsthese stark widersprochen. Taylor geht davon aus, "dass der Glaube an die Legitimität der liberalistischen Trennung seine Berechtigung allein in der Negation von Religion findet"[79]. Dadurch wird der politische Liberalismus eher zu einem "Trennungsregime", wie es Kühnlein im Anschluss an Taylor nennt, welches den Kern des politischen Liberalismus zerstört und religiöse Bürger zu Bürgern zweiter Klasse macht.[80] Taylor möchte dies beenden und fordert ein neues Modell des politischen Liberalismus, in welchem die Unparteilichkeit des Staates und die Pluralität von Weltanschauungen ernst genommen wird.[81] Er möchte eine apriorische Feindschaft zwischen der Vernunft und der Religion verhindern und stattdessen durchsetzen, dass in ethischen Fragen die Ziele der Politik von allen Weltanschauungen gemeinsam diskutiert werden. Säkularisierung soll sich nicht über die Religion erheben, sondern ist eine gleichberechtigte Weltanschauung unter vielen. Taylor schreibt dazu:

---

77 Habermas; Ratzinger. 2005. S. 36.

78 Polke. 2009. S. 97.

79 Kühnlein, Michael: Fetisch Säkularität: Zur Aufhebung der "großen Trennung" von Religion und Politik bei Charles Taylor. In: Brantl, Dirk; Geiger, Rolf; Herzberg, Stephan (Hrsg.): Philosophie, Politik und Religion. Klassische Modelle von Antike bis Gegenwart. Akademie-Verlag. Berlin. 2013. S. 218.

80 Polke. 2009. S. 96 f.

81 Kühnlein. 2013. S. 219.

> "Wir meinen, daß sich Säkularismus [...] um das Verhältnis zwischen Staat und Religion drehe, während es dabei doch tatsächlich um die (richtige) Antwort des demokratischen Staats auf Vielfalt geht. [...] Tatsächlich liegt der Sinn staatlicher Neutralität genau darin, jegliche Bevorzugung oder Benachteiligung [...] jeder Weltanschauung [...] zu vermeiden."[82]

Taylor plädiert in der Folge für einen Integrativen Säkularismus. Er geht davon aus, dass dieser Integrative Säkularismus alle Weltanschauungen integrieren muss. Das bedeutet auch, dass keine Religion und keine Ideologie mehr ausgeschlossen werden darf. Die staatliche Neutralität soll dabei aufrechterhalten werden, aber nicht von den Bürgern verlangen, dass auch sie selbst neutral gegenüber Weltanschauungen sind.[83] Er schreibt dazu exemplarisch: "Der Staat darf weder christlich noch muslimisch, noch jüdisch sein; aber ebenso wenig darf er marxistisch, kantianisch oder utilitaristisch sein."[84] So können die Bürger weltanschaulich frei agieren und sind nicht gezwungen, die Trennung von Staat und Religion im Innern nachzuvollziehen. In diesem Punkt ähneln Taylors Vorstellungen denen von Habermas. Echter Pluralismus kann dadurch existieren und Religion wird nicht mehr als etwas wahrgenommen, was man als Bürger vermeiden sollte. Für Taylor ist die Gleichstellung der Vernunft mit der Religion wichtig. Er ist gegen die Idee des Rawlsschen Proviso, da dies auch nur eine versteckte Abwertung der Religion beinhaltet und diese der Vernunft unterordnet.[85] Taylor geht mit dieser Form der Gleichstellung wesentlich weiter als andere Vertreter des Liberalismus und stellt fest, dass der Niedergang der klassischen Religionen mit einem Aufstieg neuer Glaubensformen einherging. Nämlich dem Glauben an Wissenschaft und Vernunft.[86] Diese Formen des Glaubens können allerdings keinen Wahrheitsanspruch entwickeln, aus dem sich eigene Werte entfalten können. Dazu braucht es Religionen oder Philosophien. Das Wertevakuum, das die Säkularisierung hinterlassen hat, kann Wissenschaftsglaube niemals füllen, da die Umwandlung der Wissenschaft zu einer Religion dem allgemeinen Selbstverständnis von Wissenschaft widerspricht.[87] Deshalb plädiert Taylor für Folgendes:

---

[82] Taylor, Charles: Für eine grundlegende Neubestimmung des Säkularismus. In: Mendieta, Eduardo; Van Antwerpen, Jonathan: Religion und Öffentlichkeit. Suhrkamp-Verlag. Frankfurt am Main. 2012. S. 57.

[83] Kühnlein. 2013. S. 224.

[84] Taylor. 2012. S. 77.

[85] Kühnlein. 2013. S. 228.

[86] Kühnlein. 2013. S. 229.

[87] May, Hans: Religion und die Zukunft der Demokratie. LIT-Verlag. Berlin. 2008.

"Eine Ordnung, die sich in der heutigen Demokratie [...] als säkularistische bezeichnet, darf sich nicht primär als Bollwerk gegen die Religion verstehen, sondern [...] sie muß versuchen, ihre institutionellen Arrangements so zu gestalten, daß sie zwischen den verschiedenen Weltanschauungen ein Höchstmaß an Freiheit und Gleichheit garantieren [kann]."[88]

Post-Säkularisierung kann sich, wie oben beschrieben, verschieden ausdifferenzieren. Während es Habermas um eine Möglichkeit geht, Religionen im politischen Diskurs wieder eine Stimme zu geben und das Trennungsdilemma der Bürger aufzuheben, möchte Taylor die Religion und alle anderen Weltanschauungen der Vernunft gleichsetzen. Dieses Projekt ist der neueste Schritt in der Entwicklung des Liberalismus und wird wohl die Debatten der nächsten Jahre prägen. Im Folgenden sollen nun aber alle bisher dargestellten Positionen noch einmal kurz zusammengefasst werden und daraus ein Anforderungsprofil erstellt werden, an welchem die Theorien über das Verhältnis von Staat und Religion der christlichen und muslimischen Denker verglichen werden können.

2.5 Zusammenfassung der Anforderungen des Liberalismus

Wie lassen sich die verschiedenen Ideen der behandelten Autoren zu einem einheitlichen Anforderungsprofil der Denkschule des Liberalismus zusammenfassen? Es sollen im Folgenden Punkte aufgenommen werden, auf die sich alle in einem Minimalkonsens einigen können. Der erste Punkt ist die institutionelle Trennung von Staat und Religion. Auch wenn die Post-Säkularen Denker wie Habermas oder Taylor eine säkulare Lebenswelt, die Religion aus der Politik ausschließt, ablehnen, können sie sich doch auch darauf einigen, dass Staaten und Religionen keine gemeinsamen Institutionen haben sollten. Die Sphären sollten zumindest in institutioneller Hinsicht getrennt bleiben. Hier bleibt die Lockesche Forderung nach einer Trennung bestehen. Jedoch wird diese insofern eingeschränkt, als man den Bürgern nicht vorschreibt, selbst diese Trennung nachzuvollziehen. Religiöse Bürger sollen weiterhin ihre Religion leben und religiös begründete Meinungen in den politischen Diskurs einbringen dürfen. Ob dies nun durch *Proviso* wie bei Rawls oder durch eine ideelle Gleichstellung von Vernunft und Religion geschieht wie bei Taylor, ist zu vernachlässigen. Mit Diskurs ist hier der öffentliche Diskurs der Gesellschaft gemeint und nicht die Debatte in einem Parla-

S. 227 ff.

[88] Taylor. 2012. S. 85.

ment. Die Äußerungen in diesem Teil der Öffentlichkeit sind keine Argumente im strengeren Sinne, sondern nur Ausdruck einer Haltung von Mitgliedern der Gesellschaft zu gewissen politischen Themen. Würde man diese religiös motivierten Äußerungen im öffentlichen Diskurs nicht zulassen, würde man ganze Bevölkerungsgruppen ausschließen, die nicht fähig sind, Äußerungen beziehungsweise Argumente auf Basis der rationalen Vernunft zu bilden.

Um sicherzustellen, dass eine solche Gesellschaft funktionieren kann, sollte der zweite Punkt genannt werden. Die Toleranzpflicht Lockes ist nötig, um in pluralistischen Gesellschaften vernünftig miteinander zusammen zu leben. Es nützt nichts, wenn man jedem die Auslebung seiner Religion in der Öffentlichkeit und politischen Diskurs erlaubt und dann manche Glaubensformen von einzelnen Religionen nicht toleriert werden. Diese Toleranz gilt nicht nur für den Staat gegenüber den Religionsgemeinschaften, sondern auch für alle Religionsgemeinschaften untereinander und für alle Bürger. Ohne diese Voraussetzung kann der dritte Punkt, eine grundsätzliche Bereitschaft zur Kooperation mit Andersdenkenden, nicht funktionieren. Diese kann nur etabliert werden, wenn man toleriert, dass es Andersdenkende gibt.

Außerdem sollten sich Religionen frei zu allen Themen des politischen Diskurses äußern dürfen, solange die Gemeinschaften nicht fanatisch oder demokratiefeindlich eingestellt sind. Nur, wie Rawls es nennt, vernünftigen Religionen, also jenen, die zu den Grundwerten des Staates stehen, sollte, den Autoren folgend, dieses Recht eingeräumt werden. Schließlich erkennen sowohl Tocqueville als auch Habermas an, dass Religionen einen Beitrag leisten können zu politischen Debatten. Für Tocqueville ist Religion eine Voraussetzung für Demokratie, da die Religionen Werte formulieren, die für demokratische Prozesse unerlässlich sind. Habermas ist es wichtig, die Einschränkung, die durch eine Überhöhung der Säkularisierung entstanden ist, zurückzunehmen. Ein Staat ist darauf angewiesen, dass Religionsgemeinschaften und andere Ideologien oder Philosophien Wahrheiten und Werte produzieren, ohne die eine Demokratie nicht existieren kann. Diesen Punkt erkennt selbst Mill an, auch wenn dieser die klassischen Religionen und vor allem das Christentum durch eine Zivilreligion ersetzen möchte, glaubt er doch, dass es eine Institution neben dem Staat braucht, die Wahrheit verbreiten kann.

Ein letzter Punkt betrifft die aktiven Politiker. Diese sollten zwar akzeptieren, dass sich alle Religionsgemeinschaften zu Diskursen äußern dürfen, die Politiker selbst sollten ihre eigene Religion in politischen Entscheidungsprozessen aber trotzdem ignorieren und faktenorientiert ihre Entscheidungen treffen. Besonders Rawls und Habermas ist dieser Punkt wichtig, denn das bedeutet, dass Politiker unvoreingenommen an Debatten herangehen und nur den Argumenten folgen sollten, die das Beste für alle Bürger vertreten. Durch die

Möglichkeit der Äußerung zu allen Themen für Religionsgemeinschaften können diese genauso agieren wie Lobby-Gruppen, und es ist zu erwarten, dass diese genauso versuchen werden Partikularinteressen durchzusetzen. Ein Mandatsträger sollte die eigene Argumentation mit vernünftigen Gründen untermauern und sich auch danach rational vernünftig entscheiden, um keinen Bürger zu benachteiligen. Hier wird seine oben genannte freie Auslebung der Religion in gewisser Weise eingeschränkt, um die Interessen aller Bürger vor einem zu starken Einfluss einer einzelnen Weltanschauung zu schützen.

Zusammengefasst sind die sechs Punkte nun: 1. Institutionelle Trennung von Staat und Religion. 2. Toleranz des Staates, der Religionsgemeinschaften und aller Bürger untereinander. 3. Freie öffentliche Ausübung der eigenen Religion als Recht für jeden Bürger. 4. Bereitschaft aller zur Kooperation mit Andersdenkenden beziehungsweise Andersgläubigen. 5. Recht auf freie Meinungsäußerung vernünftiger Religionsgemeinschaften im politischen Diskurs. 6. Mandatsträger sollten im Entscheidungsfindungsprozess rational und faktenorientiert handeln und ihre religiösen Ansichten hintanstellen. An diesen sechs Anforderungen sollen die religiösen Vordenker, die in den folgenden Kapiteln vorgestellt werden, gemessen werden.

3 Christliche Sicht auf das Verhältnis von Staat, Christentum und Kirche

3.1 Das Verhältnis von Staat und Religion bei Augustinus

Wenn man das Augustinische Staatsverständnis analysieren möchte, dann muss man zwangsläufig auf sein Werk "De Civitate Dei" eingehen. Um zu verstehen, aus welchem Grund Augustinus (354 - 430) dieses geschrieben hat, wird im Folgenden zuerst kurz auf die Hintergründe eingegangen.

3.1.1 Entstehung von "De Civitate Dei"

Sein Werk „De Civitae Dei“ schreibt Augustinus am Anfang des 5. Jahrhunderts. Hierfür benötigt er 13 Jahre.[89] In dieser Zeit ist Augustinus Bischof von Hippo und seine Lebenswelt ist hauptsächlich durch zwei Ereignisse geprägt. Zum einen haben die Goten unter Alarich Rom erobert und zum anderen befindet sich das Christentum in einem Schisma zwischen Donatisten und Katholiken. "De Civitate Dei" wird von Augustinus geschrieben, um zum einen das Christentum gegen die Heiden zu verteidigen, da dieses für die Niederlage gegen die Goten verantwortlich gemacht wurde [90] und um die Donatisten zu überzeugen, sich wieder mit den Katholiken zu vereinigen, da er deren Ansichten über das Christentum als falsch ansieht. Im Falle einer Verweigerung der Donatisten sollten dafür auch Strafen von Seiten des Staates eingesetzt werden können, um damit die Donatisten zu einer Wiedervereini-

---

Hinweis: Teile dieses Abschnittes über die Vorstellungen von Augustinus beruhen auf einer Hausarbeit die im Sommersemester 2016 im Rahmen des Hauptseminars "Staat und Religion" bei Herrn Prof. Dr. Zintl und Frau Dr. des. Stange an der Universität Bamberg vom Autor erstellt wurde.

[89] Brown, Peter: Augustinus von Hippo. Eine Biographie. Deutscher Taschenbuch Verlag. München. 2000. S. 264.

[90] Fortin, Ernest L.: Justice as the Foundation of the Political Community: Augustine and his Pagan Models. In: Horn, Christoph (Hrsg.): Augustinus. De Civitate Dei. Akademie Verlag. Berlin. 1997. S. 44.

gung mit der katholischen Kirche zu zwingen.[91] Alle Ausführungen von Augustinus dienen dazu, das Christentum zu vereinen und es gegen die Vorwürfe der Heiden zu verteidigen. Deshalb muss man die Eroberung Roms und das Schisma im Christentum immer mit bedenken, wenn man die Ausführungen von Augustinus zum Verhältnis von Staat und Kirche liest.

3.1.2 Begriffsklärungen und Definitionen

Die *civitas terrena* und der *civitas dei* sind unumstritten die zwei zentralsten Begriffe im Werk von Augustinus. Beide Begriffe benötigen eine Erklärung, da die Übersetzung und die Interpretation in den letzten 1600 Jahren zu heftigen Disputen und Konflikten unter Theologen, Historikern und Vertretern der Kirchen führten. Daneben müssen noch das Staats- und Kirchenverständnis von Augustinus definiert werden, weshalb der folgende Abschnitt in drei Unterpunkten die *civitas terrena*, die *civitas dei*, den Staat und die Kirche näher beleuchtet.

3.1.2.1 Civitas Terrena und Civitas Dei

Lange Zeit wurde der Begriff *Civitas* allgemein mit dem Begriff Staat übersetzt. Dem folgend übersetzten die meisten Autoren die *civitas terrena* als Erdenstaat und die *civitas dei* als Gottesstaat. Seit einiger Zeit halten viele Autoren diese Übersetzung jedoch für inkorrekt. Schon 1910 argumentierte Seidel, dass *civitas* besser mit Stadt oder Gemeinschaft übersetzt werden solle. Er ist der Meinung, dass Augustinus bei der *civitas terrena* oder der *civitas dei* nicht an einen Staat dachte, sondern an eine Gemeinschaft von Menschen. Dem Verbund der *civitas terrena* gehörten Christen und Heiden an.[92] Johannes van Oort sieht dies ähnlich. Er schreibt, die *civitates* seien Gruppen mit gemeinsamen Gesetzen, Ethiken und Werten.[93] Beide *civitates* sind auf der Erde vermischt. Menschen können die Mitglieder der *civitas dei* und der *civitas terrena* nicht unterscheiden. Trotzdem gehört jeder Mensch einer der beiden *civitates* an und ist

---

[91] Coleman, Janet: Augustinus. In: Redhead, Brian (Hrsg.); Starbatty, Joachim (Hrsg.): Politische Denker. Von Plato bis Popper. Verlag Bonn Aktuell. Stuttgart. 1988. S. 67.

[92] Seidel, Bruno: Die Lehre vom Staat beim heiligen Augustinus. Breslau. 1910. S. 6.

[93] Van Oort, Johannes: Civitas dei – terrena civitas. The concept of the Two Antithetical Cities and Its Sources. In: Horn, Christoph (Hrsg.): Augustinus. De Civitate Dei. Akademie Verlag. Berlin. 1997. S. 161.

untrennbar mit dieser verbunden. Am Tag des Jüngsten Gerichts werden die beiden *civitates* getrennt.[94]

Der Grund für die Trennung der Menschen in zwei *civitates* ist die Erbsünde, da diese sich durch die Weltgeschichte zieht. Augustinus geht davon aus, dass Gott nur manche Menschen errettet, diese zu rettenden Menschen die Mitglieder der *civitas dei* sind und Gott ihre Anzahl festgelegt hat. Der Rest der Menschheit íst Mitglied der *civitas terrena*.[95] Schon vor der Geburt eines Menschen legt Gott fest, ob der Mensch gerettet wird oder nicht. Der Mensch kann nichts tun, um seine Situation zu verändern, da sein Schicksal von Gott vorbestimmt ist. Er kann nur hoffen, dass er Teil der *civitas dei* ist.[96]

Augustinus geht aber davon aus, dass durch ein paar Merkmale beide *civitates* zu unterscheiden sind. Die Mitglieder der *civitas terrena* sind nur auf irdisches Wohl ausgerichtet, da Metaphysisches für sie keinen Wert hat. Zeit ihres Lebens versuchen diese Menschen Reichtum und Macht anzuhäufen und beides den anderen Menschen zu zeigen.[97] Die Mitglieder der *civitas dei* richten ihr Leben im Gegensatz dazu nur auf Gott aus. Ihr einziges Ziel ist es, Gott nahe zu sein und diesen zu verehren, damit sie nach dem Tod im Reich Gottes aufgenommen werden.[98] Irdische Güter wie Reichtum und Macht haben für sie keinen Wert und für ihr Lebensglück ist es nicht relevant, wer sie regiert, solange es ihnen möglich ist, ihren Gott zu verehren. Diese Menschen sind laut Augustinus Pilger in der Fremde auf dem Weg zu Gott, da ihr Zuhause nicht auf der Erde, sondern im Reich Gottes liegt.[99] Das Hauptunterscheidungsmerkmal zwischen den Mitgliedern der *civitas terrena* und der *civitas dei* sind zwei verschiedene Formen der Liebe. Die Mitglieder der *civitas dei* lieben einzig Gott. Die Menschen, die der *civitas terrena* angehören, lieben nur sich selbst.

Beide *civitates* existieren in der realen Welt, dessen ist sich Augustinus sicher und sie waren laut seiner Aussage in der Weltgeschichte häufig zu beobachten. Das Ende dieser Weltgeschichte ist dann erreicht, wenn die *civitas dei* ihre maximale Zahl an Mitgliedern erreicht hat. An diesem Tag kommt das Jüngste Gericht, die Existenz der Welt endet und die *civitas terrena* löst sich auf. Die Mitglieder dieser Gemeinschaft landen für ihr sündenvolles Leben erst im

---

94 Brown. 2000. S. 274.

95 Van Oort. 1997. S. 158 f.

96 Adomeit, Klaus: Rechts- und Staatsphilosophie. Band I: Antike Denker über den Staat. UTB-Verlag. Heidelberg. 2001. S. 175.

97 Brown. 2000. S. 280.

98 Coleman. 1988. S. 74.

99 Brown. 2000. S. 283. f.

Fegefeuer und dann in der Hölle. Die *civitas dei* aber bleibt bestehen und ist an ihrem Ziel, dem Himmel, angelangt.[100]

Beide Gemeinschaften haben trotz der Unterschiede ein gemeinsames Ziel: den Frieden. Die Mitglieder der *civitas terrena* können nur den irdischen Frieden erreichen. Dieser ist aber für die Mitglieder der *civitas dei* wichtig, denn diese benötigen den irdischen Frieden, um später den himmlischen Frieden zu erreichen. Deshalb beteiligen sich die Mitglieder der *civitas dei* bei der Aufrechterhaltung des Friedens.[101]

3.1.2.2 Die augustinische Staatsdefinition

Ein entscheidender Unterschied zwischen den *civitates* und dem irdischen Staat macht Augustinus schon in seiner Sprache deutlich. Wenn er vom Staat spricht, dann schreibt er *res publica*, *regnum* oder *imperium*.[102] Er macht eine klare Unterscheidung zwischen den transzendentalen Gemeinschaften und den real existierenden Herrschaftsgebieten. Seine Staatsdefinition folgt anfangs einer alten Definition Ciceros aus dessen Werk "De Re Publica". In den dort von Cicero vorgestellten Reden Scipios wird der Staat als Ansammlung von Menschen, die sich demselben Recht unterwerfen und nach einem gemeinsamen Nutzen streben, definiert. Außerdem muss ein Staat gerecht sein, egal ob er eine Demokratie, Oligarchie oder Monarchie ist. Gerechtigkeit wird somit zu einem Definitionsmerkmal. Augustinus allerdings glaubt, dass der römische Staat nach dieser Definition kein Staat gewesen wäre, da in diesem nie die wahre Gerechtigkeit geherrscht hat. Wahre Gerechtigkeit nur mit der Hilfe Gottes zu erreichen.[103]

Aufgrund des Definitionsmerkmals der Gerechtigkeit lehnt Augustinus die Definition Scipios beziehungsweise Ciceros als zu streng ab. Er schlägt eine Definition vor, in welcher das Volk eines Staates eine vernunftbegabte Menge

---

[100] Biegler, Johannes: Die Civitas Dei des heiligen Augustinus. In ihren Grundgedanken. Verlag der Junkemannschen Buchhandlung. Paderborn. 1894. S. 72.

[101] Hirschberger, Johannes: Geschichte der Philosophie. Herder Verlag. Freiburg im Breisgau. 1999. S. 374.

[102] Seidel. 1910. S. 13.

[103] Brachtendorf, Johannes: Augustinus: Die civitas dei und der gerechte Staat. In: Brantl, Dirk.; Geiger,Rolf.; Herzberg, Stephan.: Philosophie, Politik und Religion. Klassische Modelle von der Antike bis zur Gegenwart. Akademie-Verlag.Berlin 2013. S. 46.

von Menschen ist, die durch das gemeinsame Streben nach den Dingen, die sie liebt, verbunden ist.[104] Wörtlich sagt Augustinus:

> "Volk ist die Vereinigung einer vernünftigen Menge, geeint durch einträchtige und allgemeine Teilnahme an Dingen, die sie schätzt. So kommt es für die Beurteilung des einzelnen Volkes natürlich darauf an, was es schätzt. Aber Volk überhaupt kann man [...] eine solche Vereinigung recht wohl nennen, wenn sie nicht aus einer Menge Tiere, sondern aus einer Menge vernünftiger Geschöpfe besteht und geeint ist durch einträchtige und allgemeine Teilnahme an Dingen, die sie schätzt; nur eben besser ist ein Volk, je besser die Gegenstände sind, auf die sich das einträchtige Streben richtet, und schlechter, je schlechter sie sind."[105]

Aufgrund dieser Definition sind Unrechtsherrschaften und Tyranneien auch Staaten. Die Gerechtigkeit ist kein Definitionsmerkmal, sondern nur eine Norm, anhand derer man Staaten einteilen kann.[106] Denn eines ist für Augustinus klar: absolute Gerechtigkeit kann auf Erden nicht erreicht werden, sondern diese schafft Gott nach dem Tod.

Staaten ohne Gerechtigkeitsind für Augustinus eigentlich nichts anderes als Räuberbanden. Diese Aussage beruht auf einem Teil in "De Civitate Dei", in welchem er eine Legende von Alexander dem Großen wiedergibt.

> "Auf die Frage des Königs, was ihm denn einfalle, dass er das Meer unsicher mache, erwiderte er mit freimutigem Trotz: 'Und was fällt dir ein, das du den Erdkreis unsicher machst? aber freilich, weil ich es mit einem armseligen Fahrzeug tue, nennt man mich einen Räuber, und dich nennt man Gebieter, weil du es mit einer großen Flotte tust.'"[107]

Der Römische Staat ist hier keine Ausnahme. Dieser wurde laut Augustinus nicht aufgrund seiner eigenen Werte so groß, sondern aufgrund seiner Herrschsucht. Die römische Herrschaft sei nur durch die römische Moral abgemildert worden, die das Imperium besser stellte als andere Reiche. Die Begründung der Moral hält er allerdings für falsch, da die Römer durch das moralische Handeln Ruhm erzeugen wollten.[108] Das moralische Handeln der

---

[104] Brachtendorf. 2013. S. 46.

[105] Augustinus: Des heiligen Kirchenvaters Aurelius Augustinus zweiundzwanzig Bücher über den Gottesstaat. Aus dem Lateinischen übers. von Alfred Schröder. Kempten; München. 1911- 1916. Band 3. S. 255 f.

[106] Brachtendorf. 2013. S. 47.

[107] Augustinus. 1911- 1916. Band 1. S. 192.

[108] Brown. 2000. S. 270.

Römer ist also von der Eigenliebe und dem Egoismus inspiriert, was sie dann doch nicht besser macht als andere irdische Staaten. An diesem Punkt kommt Augustinus nun auf die Gerechtigkeit zurück. Nur Staaten, die gerecht sind, unterscheiden sich, seiner Meinung nach, von Räuberbanden. Wenn ein Staat ungerecht ist, dann ist er nicht besser als jede andere Vereinigung von Menschen, die nach einem gemeinsamen Ziel strebt.[109] Die absolute Gerechtigkeit können irdische Staaten ohne Gott nicht erreichen, jedoch können sie versuchen ihr Bestes zu tun, um ein Mindestmaß an Gerechtigkeit zu erzeugen.

Wie sieht nun die perfekte Staatenwelt aus? Eine Welt mit Staaten zieht Augustinus einer Welt ohne Staaten vor, da ohne die Einteilung in Staaten das Chaos herrschen würde. Vor dem Sündenfall hätte es keinen Staat gebraucht, da die Menschen aus Liebe zueinander und zu Gott in einer natürlichen Ordnung gelebt hätten. Dies ist quasi sein idealer Naturzustand. Aufgrund des Sündenfalls, der die Menschen zu selbstverliebten Wesen macht, benötigt man Staaten, die das erzeugte Chaos kontrollieren.[110]

Für Augustinus gibt es in der Antike bereits ein gutes Vorbild für die Staatenwelt: die Welt der vielen Polei in Griechenland. Die perfekte Welt ist eine Welt von Kleinstaaten, die nur auf das gemeinsame Wohl und die Liebe zu Gott bedacht sind. Denn dann könnten diese kleinen Staaten nebeneinander in Frieden existieren, da keine Stadt einen Grund hätte, die anderen Städte anzugreifen.[111] Das Ziel dieser Staaten ist die Aufrechterhaltung des Friedens und selbst im Falle eines Verteidigungskrieges würden sie schon über die Friedensordnung nach dem Krieg denken. Sie würden gerechte Kriege, die immer nur Verteidigungskriege sein können, nur führen, um den Zustand des Friedens, der vor dem Kriegszustand geherrscht hat, wiederherzustellen.[112]

3.1.2.3 Das augustinische Kirchenverständnis

Bei der Staatenwelt plädiert Augustinus für ein System von vielen Kleinstaaten. Wenn es aber um die Kirche geht, ist er Unitarist. Für ihn soll die katholische Kirche universale Geltung haben, weshalb es nur eine wahre Kirche geben darf. Durch diese Forderung sollen partikulare Tendenzen in der Kir-

---

[109] Augustinus. 1911- 1916. Band 1. S. 191

[110] Brachtendorf. 2013. S. 49 f.

[111] Augustinus. 1911- 1916. Band 1. S. 207 f.

[112] Brachtendorf. 2013. S. 51.

che erst gar nicht aufkommen. Damit versuchte er die Katholische Kirche gegen Abweichler wie die Donatisten zu stärken.[113]

Wie bereits oben erwähnt, sind die *civitas terrena* und die *civitas dei* allgegenwärtig. Der Kirche kommt hier eine besondere Rolle zu. Für Augustinus ist die katholische Kirche das beste Abbild der *civitas dei*, welches auf der Erde existiert. Als heilige Gemeinschaft kann sie die *civitas dei* zwar niemals perfekt darstellen, jedoch ist sie für ihn das sichtbarste Zeichen des Reich Gottes auf der Erde.[114] Da Gott aber nicht auf der Erde weilt, um das Reich zu regieren, ersetzen die Herren der Kirche diesen bis zum Tag des Jüngsten Gerichts.[115]

Den Bischöfen kommt damit eine besondere Aufgabe zu. Sie sind die Stellvertreter Gottes in seinem Königreich auf der Erde und sollen die Christen durch alle Untiefen bis zum Tag des Jüngsten Gerichts führen. Aus diesem Grund sind sie für das Wohlergehen der Mitglieder der *civitas dei* verantwortlich.

Diese Form der Herrschaft ist allerdings keine weltliche Herrschaft, weshalb die Herren der Kirche nicht als weltliche Herrscher auftreten sollen. Das Reich Gottes ist schließlich kein weltlicher, sondern ein spiritueller Herrschaftsbereich. Schon zur Zeit der Christenverfolgung durch die Römer existierte diese *civitas*. Es konnte deshalb für Augustinus nicht gottgewollt sein, dass die Kirchenherren über weltliche Macht verfügten. Denn das christliche Reich (*civitas dei*) liegt für Augustinus klar außerhalb des weltlichen politischen Systems.[116]

Welche Rolle spielen die Christen im weltlichen System, wenn ihr spirituelles Reich außerhalb des realen politischen Systems steht? Dies wird im folgenden Abschnitt näher betrachtet.

3.1.3 Der Christ als Zoon Politikon

Für Augustinus sind alle Menschen grundsätzlich politische Wesen. Er beschreibt den Menschen nach griechischem Vorbild als *zoon politikon*. Augustinus ist der Meinung, dass das Politische für die Menschen wichtig ist und dass auch Christen sich in die Politik einbringen sollten. Als guter Christ sollte man

---

[113] Figgis, John Neville: The political aspects of S. Augustine's City of God. Longmans, Green & Company. London. 1963. S. 70 ff.

[114] Figgis. 1963. S. 68 f.

[115] Figgis. 1963. S. 73.

[116] Figgis. 1963. S. 74 f.

gegenüber der staatlichen Herrschaft loyal sein, solange diese gerecht beziehungsweise moralisch handelt.[117]

Im Gegensatz zu den Donatisten sieht Augustinus in der Politik die Chance, die Lebensumstände der Menschen schrittweise zu verbessern und das Übel in der Welt zu verringern.[118] Es ist für ihn logisch, dass Christen durch die Nächstenliebe verpflichtet sein sollten, sich der Politik zu bedienen, um diese Ziele zu erreichen. Da sie nicht von der Selbstliebe und der Selbstbezogenheit bestimmt sind, seien die Christen in ihren Handlungen besser als die Heiden.[119] Bei Christen steht Gott an erster Stelle und nicht sie selbst. Aufgrund dieser Verehrung Gottes können Christen erkennen, dass für sie andere Werte, wie der irdische Friede, Sicherheit und Wohlstand, von Bedeutung sind. Der Staat hat die Aufgabe diese göttlichen Gaben zu sichern. Um das Übel zurückzudrängen, sollten Christen diese Gaben und den Staat nutzen.[120] Selbst eine Art der irdischen Gerechtigkeit kann existieren, die zwar nicht vollkommen, aber doch nützlich für alle Menschen ist.[121] Der Staat ist für Augustinus eine göttliche Notwendigkeit zum Schutz vor Tyrannei, denn nur der Staat kann die gottgegebenen Werte und Gaben schützen.[122] Aufgrund dessen sollten Christen dem Staat immer loyal dienen und sich in ihm engagieren, da dieser gottgewollt ist und sie dadurch Gott dienen.

Allerdings hätten nicht alle Christen dies verstanden, weshalb diese sich aus dem Politischen heraushalten würden, statt sich zu engagieren. Diesen Christen fehle eine gemeinsame politische Zielsetzung.[123] Trotzdem sind sie, auch wenn sie sich nicht engagieren, die besten Diener eines Staates, da sie die Gesetze treu befolgen und nicht gegen die Herrschenden aufbegehren würden. Sie schaden weder noch nützen sie dem Staat, da sie nur darauf bedacht sind, ihren ewigen Seelenfrieden zu erhalten.[124]

---

[117] Horn, Christoph: Politische Gerechtigkeit bei Cicero und Augustinus. In: Internationale Zeitschrift für Philosophie. Heft 2. 2002. S. 203.

[118] Horn. 2003. S. 204.

[119] Adam, Armin: Heilsgeschichtliche Soziologie. Augustinus‘ negative Politische Theologie. In: Zeitschrift für Politikwissenschaft. Jg. 42. Heft 2. 1995. S. 158.

[120] Horn. 2002. S. 203.

[121] Adam. 1995. S. 165.

[122] Figgis. 1963. S. 58.

[123] Fortin. 1997. S. 53.

[124] Figgis. 1963. S. 57.

3.1.4 Das Verhältnis von Kirche und Staat

Wie stellt sich nun das Verhältnis von Staat und Kirche dar? Oben wurde schon beschrieben, dass Augustinus dafür plädierte, dass die Kirche als spirituelles Reich außerhalb des politischen Systems stehen sollte. Allerdings sieht er ein, dass dies nicht gelingen kann. Die Kirche kann sich als Organisation, die in der realen Welt existiert, nicht der weltlichen Herrschaft entziehen. Aufgrund dessen rückte Augustinus von seiner Forderung nach einer unabhängigen Kirche in manchen Punkten ab.

In der Realität des 5. Jahrhunderts existiert eine Verschränkung zwischen der katholischen Kirche und dem Römischen Reich. Das Christentum ist in der Interpretation der Katholischen Kirche die offizielle Staatsreligion und deren Bischöfe, wie er selbst, erfüllen staatliche Aufgaben. Zum Beispiel wurden sie als Richter in Streitfragen berufen. Sie sorgten für Waisenkinder und unterrichteten diese. Außerdem sollten sie die Bürger in ihrem Bistum zu Gehorsam gegenüber dem Staat bringen.[125] Augustinus war eigentlich kein Freund dieser Zusammenarbeit, schloss diese aber nicht grundsätzlich aus. Er sah die Chance, den Staat zu nutzen, um Ketzer oder Gruppen wie die Donatisten im Auftrag der Kirche zu verfolgen.[126]

Allerdings war dies eine Ausnahme. In der Regel sah er eine klare Aufgabenteilung zwischen Kirche und Staat. Der Staat sollte als weltliche Autorität herrschen, während die Kirche als moralische Autorität für die Lehre und die heiligen Sakramente zuständig war. Die Kirche war als Hüterin der Sitten zuständig, und ihrer Überwachung konnten sich nicht einmal die Kaiser entziehen.[127]

Da Augustinus die Staaten als Teil der *civitas terrena* betrachtet, geht er davon aus, dass diese irgendwann untergehen müssen, da die *civitas terrena* am Tag des Jüngsten Gerichts untergeht.[128] Augustinus sieht es deshalb als seine Aufgabe an, die politische Sphäre und die Religion voneinander zu trennen, damit im Fall des Untergangs die Kirche sicher wäre und nicht vom Staat mit in den Abgrund gezogen werden würde. Dies wird klarer, wenn man bedenkt, dass in Rom vor der Konstantinischen Wende eine Vermischung von Staat und Reli-

---

[125] Deane, Herbert A.: The Political and Social Ideas of St. Augustine. Columbia University Press. New York. London. 1963. S. 173 f.

[126] Coleman. 1988. S. 67.

[127] Deane. 1963. S. 173.

[128] Biegler. 1894. S. 71 f.

gion existierte. In diesen Jahrhunderten wurde der Staat kultisch verehrt, was Augustinus kategorisch ablehnt.[129]

Staaten haben kein Anrecht auf kultische Verehrung, da nur Gott der Verehrung würdig ist und die Staaten nur Mittel zum Zweck sind. Die Staaten haben die Aufgabe, das Übel der Welt weitestgehend zu überwinden. Augustinus schreibt dazu:

> "Die ersten seien dir Vater und Mutter; höher als selbst die Eltern soll dir das Vaterland stehen; was die Eltern gegen das Vaterland befehlen, darauf soll man nicht hören, oder was das Vaterland gegen Gott befiehlt, auch darauf soll man nicht hören."[130]

Der Staat erscheint als gottgewollte Institution unter Gott aber über den Eltern. Er soll den Menschen und der Kirche nützen, da diese einen Staat braucht, der die öffentliche Ordnung aufrecht erhält, wovon sie profitiert.. Im Gegenzug benötigt der Staat aber auch die Kirche als moralische und spirituelle Instanz.[131]

Augustinus versteht Staaten utilitaristisch als Werkzeug. Diese sollen den Menschen nützen, ihnen helfen und sind nichts anderes als Zusammenschlüsse von Menschen, die auf ein gemeinsames Ziel hinarbeiten.[132] Sie haben keinen Anspruch auf eine besondere Stellung, die im heidnischen Rom existierende Divinisierung des Staates lehnt Augustinus ab und gibt der Kirche die Macht über alles Kultische, Moralische und Sittliche.[133] Er löst mit diesem Schritt die Kirche letztlich vom Staat, um diese, wie oben beschrieben, vor dem Untergang zu bewahren. Das Verhältnis von Staat und Kirche ist für ihn durch Gleichberechtigung geprägt. Allerdings sollen beide auf dem eigenen Feld die absolute Deutungshoheit besitzen: die Kirche im Spirituellen und der Staat im Politischen.

Augustinus unterscheidet nun christliche und heidnische Herrscher voneinander. Er glaubt, das christliche Herrscher aufgrund ihrer Nächstenliebe besser agieren könnten als heidnische, da sie das Wohl der Menschen und die Verehrung Gottes an erster Stelle sehen, statt sich um sich selbst und ihren eigenen Reichtum zu sorgen. Die Aufrechterhaltung der *pax terrena*, des irdischen Frie-

---

[129] Maier, Hans: Politische Theologie – neu besehen (Augustinus, De civitate Dei VI, 5-12). In: Zeitschrift für Politikwissenschaft. 50 Jg. Heft 4. 2003. S. 367.

[130] Augustinus zitiert nach Maier. 2003. S. 367 f.

[131] Schilling, Otto: Die Staats- und Soziallehre des hl. Augustinus. Herder Verlag. Freiburg im Breisgau. 1910. S. 107.

[132] Augustinus. 19, 24. 1911- 1916. S. 555 f.

[133] Maier. 2003. S. 369.

dens, ist für christliche Herrscher die wichtigste Aufgabe, da dieser Frieden allen Menschen dient.[134] Den Bürgern der *civitas terrena* nützt er, da er das höchste irdische Gut darstellt, das sie erreichen können. Die Mitglieder der *civitas dei* nutzen diesen Frieden auf ihrer Pilgerfahrt durch das Leben hin zu Gott.[135] Aufgrund der christlichen Tugenden könnten christliche Herrscher diesen Frieden besser erhalten.[136]

Allerdings hat Augustinus aufgrund dieser Tugenden auch höhere Ansprüche an christliche Herrscher. Er erwartet von ihnen noch mehr als von heidnischen Königen, dass diese gerecht handeln und auch gerecht bestrafen sollen. Der christliche Kaiser soll immer aufgrund der Nächstenliebe urteilen und Strafen nur dann erlassen, wenn er sich erhofft, dass sich dadurch eine Besserung des Verhaltens bei dem Bestraften einstellt.[137]

Die *perfectio iustitiae*, die rechtliche und soziale Gerechtigkeit wird erst im Königreich Gottes erreicht.[138] Allerdings kann der Herrscher dafür sorgen, dass sich die Lage für die Menschen verbessert. Ein christlicher Regent kann dies aufgrund seiner Tugenden besser als ein heidnischer, da "er als Christ zumindest einen gewissen Anteil an der *vera iustitia* des Gottesreiches hat und [...] angemessen einschätzen kann, was Gott zusteht."[139] Um diese *vera iustitia* zu erkennen, erhält der christliche Herrscher Unterstützung von der Kirche, die ihm beratend zur Seite steht.[140]

Ein christlicher Herrscher hat seinem heidnischen Pendant also Einiges voraus. Augustinus plädiert dafür, dass nicht nur die Herrscher, sondern auch die Beamten Christen sein sollten, da diese die Aufgaben in der Verwaltung des Staates besser erfüllen würden als Nicht-Christen.[141] Um dies zu gewährleisten, müssen sie ihr Verhalten immer an christlichen Prinzipien orientieren.[142] Augustinus spricht sich für ein Engagement von Christen im Staatswesen und eine Orientierung der staatlichen Führung an Prinzipien wie der Nächstenliebe aus. Dies ist keine Vermischung von Staat und Religion, sondern die Chance für die Bürger, die institutionelle Trennung von Staat und

---

[134] Seidel. 1910. S. 26.

[135] Laufs, Joachim: Der Friedensgedanke bei Augustinus. Untersuchungen zum XIX. Buch des Werkes De Civitate Dei. Franz Steiner Verlag. Wiesbaden. 1973. S. 118 f.

[136] Coleman. 1988. S. 78.

[137] Seidel. 1910. S. 30.

[138] Horn. 2002. S. 199.

[139] Horn. 2002. S. 199.

[140] Schilling. 1910. S. 109.

[141] Figgis. 1963. S. 57.

[142] Schilling. 1910. S. 95.

Kirche nicht selbst nachvollziehen zu müssen, sondern sich als Christen im Staat engagieren zu können.

3.1.5 Vergleich mit den liberalen Anforderungskriterien

Nun sollen die Vorstellungen von Augustinus mit den sechs liberalen Kriterien verglichen werden, welche im zweiten Kapitel entwickelt wurden:

Im Hinblick auf die Trennung von Staat und Kirche, kann man feststellen, dass Augustinus dem liberalen Anforderungskriterium durchaus gerecht würde. Auch er spricht sich für eine institutionelle Trennung von Staat und Kirche aus. Ihm missfällt es, dass in seiner Lebenswirklichkeit die Aufgaben des Staates und der Kirche vermischt werden und er selbst als Bischof gleichzeitig als Richter agieren muss (vgl. S. 38). Er fordert eine klare Sphärentrennung von Staat und Kirche, in welcher der Staat die rechtliche und die Kirche die spirituelle Deutungshoheit besitzt. Eine Vermischung der Sphären ist für ihn nur in Ausnahmen, die der Kirche nützen, möglich.

Eine Toleranz aller (Staat, Religionsgemeinschaften, Bürger) untereinander lässt sich bei Augustinus nicht finden. Er schreibt "De Civitate Dei" um das Schisma zwischen Donatisten und Katholiken zu überwinden und hat einen klaren universalen Anspruch, wenn es um die Kirche geht (vgl. S. 35). Auch sollen Ketzer vom Staat verfolgt werden können (vgl. S. 38) und Bürger sich dem Christentum nach katholischer Ausrichtung anschließen. Deshalb ist eine Toleranz anderen Religionen und Konfessionen sowie eine umfassende Religionsfreiheit, wie es Punkt drei fordert, nicht in Augustinus' Sinne. Bei der Bereitschaft zur Kooperation mit Andersdenkenden und -gläubigen misst Augustinus mit zweierlei Maß: Augustinus ist zwar dafür, dass Christen mit Nicht-Christen kooperieren, wenn der Staat nicht christlich geprägt ist, er ist jedoch dagegen, mit Gruppen zu kooperieren, die eine andere Auslegung des Christentums haben. Innerhalb des Christentums lässt er nur eine Deutung zu. Wenn es aber darum geht, sich in Staatsgefüge zu integrieren, die nicht christlich geprägt sind, dann fordert er die Christen dazu auf, sich zu engagieren und mit den Heiden zusammenzuarbeiten, da Christen besser geeignet seien, gute Ziele für die Gesamtgesellschaft zu erreichen (vgl. S. 36 f.). Das vierte Kriterium erfüllt er somit teilweise.

Das Recht auf freie Meinungsäußerung vernünftiger Religionsgemeinschaften im politischen Diskurs lässt sich nur schwer an Augustinus Vorstellungen von Staatlichkeit anlegen, da er dieses Recht nicht explizit anspricht. Er möchte zwar die Christen dazu bewegen, sich im politischen Prozess zu engagieren, und fordert damit verbunden mit Sicherheit auch eine Offenheit des Staates ein. Ob dies nun aber für alle Religionsgemeinschaften gilt, ist zu bezweifeln.

Religiöse Diversität steht nicht auf Augustinus' Agenda. Er steht für einen universalen Geltungsanspruch seiner Auffassung des Christentums und duldet daneben keine anderen Auslegungen. Die Freiheit der Meinungsäußerung würde er folglich nur den Vertretern der richtigen Auslegung des Christentums zugestehen. Er erfüllt das Kriterium nicht.

Einfacher ist es, den letzten Punkt, die geforderte rationale Entscheidungsfindung von Mandatsträgern, mit der augustinischen Vorstellung zu vergleichen. Ein Ignorieren der religiösen Überzeugungen steht diametral dem gegenüber, was Augustinus von Mandatsträgern fordert. Augustinus fordert diese vielmehr auf, aus ihrer religiösen Überzeugung heraus zu handeln, da Christen als Herrscher oder Beamte die besseren Akteure seien als Heiden. Ihre christlichen Überzeugungen machen sie zu besseren Mandatsträgern, weshalb ein Ignorieren dieser Überzeugungen nicht möglich ist (vgl. S. 40 f.).

Zusammenfassend lässt sich festhalten, dass die augustinische Vorstellung vom Verhältnis von Staat und Religion mehrheitlich nicht zu dem passt, was die liberale Denkschule fordert. Die meisten Kriterien werden nicht erfüllt. Lediglich die institutionelle Trennung von Staat und Kirche kann Augustinus genauso vertreten wie die liberalen Denker. Im nächsten Abschnitt wird nun auf Joseph Ratzingers Vorstellungen vom idealen Verhältnis von Staat und Religion eingegangen.

3.2 Joseph Ratzingers Vorstellungen von Staat und Kirche

Schon früh in seinem Leben entdeckt Joseph Ratzinger (1927 - heute) seine Liebe für die Vorstellungen und Ideen des heiligen Augustinus. Er ist fasziniert von dessen "Confessiones" und "De Civitate Dei" und macht es sich in seiner akademischen Laufbahn früh zur Aufgabe, die Texte des Augustinus neu zu interpretieren.[143] Auch ähneln sich die Lebensläufe von Ratzinger und Augustinus. Beide sind zuerst Akademiker und werden dann zum Geistlichen. Bei Joseph Ratzinger führt diese Karriere 2005 sogar bis ins höchste Amt der katholischen Kirche, obwohl er eigentlich nie soweit in der Hierarchie aufsteigen wollte und lieber wieder zurück in die Wissenschaft gegangen wäre.[144] Doch trotz der Verehrung der augustinischen Ideen und der Karriere im Vatikan entwickelte er seit den 80er Jahren seine eigene Vorstellung von einem neuen Verhältnis von Staat und Religion, welches durch den Diskurs mit

143 Lam, Cong Quy Joseph: Joseph Ratzinger's Theological Retractions. Verlag Peter Lang. Bern. 2013. S. 159.

144 Lam. 2013. S. 151 f.

Jürgen Habermas auch außerhalb der Theologie Beachtung fand. Diese Vorstellungen sollen nun vorgestellt und mit den liberalen Anforderungen verglichen werden.

3.2.1 Kirche und Christentum in der Moderne

Für Ratzinger ist die katholische Kirche etwas Universales. Genauso wie Augustinus sieht Ratzinger, dass es nur eine wahre Kirche geben kann, die universell ist, da sie alle in der Eucharistie mit einbezieht, die dies wollen. Die Mitgliedschaft in dieser Kirche ist für Ratzinger allerdings keine freie Entscheidung, sondern das Wirken Christi in den Christen. Man gehört zu ihr aus dem Glauben heraus und nicht aus einer vernünftigen oder rationalen Entscheidung.[145] Für Ratzinger ist diese Kirche und das Christentum gleichzeitig ein Mittel zur Inklusion und zur Exklusion. Inklusiv deshalb, da alle monotheistischen Religionen an denselben Gott glauben; exklusiv, weil nur die Christen die wahre Existenz von Jesus Christus anerkennen und somit die Einzigen sind, die einen Anspruch auf Wahrheit besitzen. Jedoch sollten gute Christen anerkennen, dass auch in anderen Religionen ein Wahrheitsanspruch existiert, welcher gerechtfertigt ist, gleich wenn er aus christlicher Sicht nicht wahr sein kann. Denn nur durch die Akzeptanz des Wahrheitsanspruches aller Religionen untereinander kann es interreligiöse Dialoge geben.[146]

Das Zurückdrängen des Glaubens ins Private ist für Ratzinger ein Zeichen der Intoleranz. Für ihn ist es wichtig, dass jeder Gläubige seine Religion frei ausleben kann und nicht durch Andersgläubige oder Ungläubige dazu gedrängt wird, diesen Glauben zu verstecken. Dazu gehört für ihn auch, dass man als Christ in der Öffentlichkeit offen ein Kreuz tragen kann.[147]

Das Ausleben des Glaubens ist für Ratzinger auch eng mit der Institution der Kirche verbunden. Doch wie sollte eine Kirche im 20. bzw. 21. Jahrhundert aufgebaut sein, damit sie zeitgemäß ist? Er schreibt 1987, dass für viele Reformer die Kirche erst in der Moderne ankommt, wenn man ihre Ordnung der Ordnung eines Staates nachempfindet. Dagegen argumentiert Ratzinger, dass dies nicht möglich sei, da die Kirche aus einem anderen Grund existiert als Staaten.[148] Kirche ist keine Vernunftgemeinschaft, sondern eine Glaubens-

[145] Ratzinger, Joseph: Kirche, Ökumene und Politik. Neue Versuche zur Ekklesiologie. Johannes Verlag. Einsiedeln. 1987. S. 173.

[146] Lam. 2013. S. 208 f.

[147] Lam. 2013 S. 210.

[148] Ratzinger. 1987. S. 173 f.

gemeinschaft, die darauf ausgerichtet ist, Wahrheit zu produzieren, indem sie die Wahrheit des Evangeliums, welche gottgegeben ist, interpretiert und an die Gläubigen weitergibt.[149] Das Interesse der katholischen Kirche muss sich immer auf das Evangelium richten und nicht auf sich selbst. Die Ämter und Institutionen sollten nur diesem Ziel dienen und kein Selbstzweck sein. Maier und Ratzinger sehen allerdings die Tendenz, dass man sich in der Amtskirche mehr mit sich selbst als mit dem Evangelium beschäftigt.[150] Er sieht jedoch die Möglichkeit, wieder zurückzufinden zum Evangelium, wenn sich das christliche Leben wieder mehr in den einzelnen Gemeinden abspielt. Dort könne jeder Christ teilhaben und im konkreten Miteinander den Glauben und die Wahrheit des Evangeliums erleben. Diese einzelnen Gemeinden benötigen jedoch weiterhin auch eine Rückbindung an die Amtskirche, damit die Einheit der Lehre nicht gefährdet wird.[151]

Für Ratzinger hat dadurch jeder Christ weitreichende Freiheiten. Er formuliert dazu allerdings fünf Regeln, die diese Freiheiten kennzeichnen und auch beschränken: 1. Freiheit braucht immer auch Recht. Dieses Recht bezieht sich auf bestehende Werte, die sich aus dem Glauben ergeben. 2. Die kirchliche Freiheit ist der uneingeschränkte Zugang zum Glauben und den Sakramenten, wodurch die göttliche Teilhabe gewährleistet wird. Deshalb hat auch jeder Christ das Recht, den Glauben unverfälscht zu empfangen.[152] Das bedeutet für Ratzinger, dass der einzelne Gläubige nicht abhängig ist von der Auslegung eines einzelnen Amtsträgers, sondern den Anspruch haben darf, von der Kirche die Wahrheit mitgeteilt zu bekommen. 3. Die Kirche muss viele verschiedene Angebote zur Teilhabe machen, damit jeder Gläubige an der Wahrheit teilhaben kann. Es braucht dafür, laut Ratzinger, eine Balance zwischen der Vielfalt der Spiritualität und der Einheit des Glaubens. 4. Das Recht auf Glauben ist immer auch die Anerkennung der Religionsfreiheit anderer. Man erkennt somit eine Religionsfreiheit für alle an und nicht nur für sich selbst. 5. Jeder Christ darf nur seinem Gewissen verpflichtet sein. Die Kirche muss deshalb das Gewissen des Gläubigen dazu befähigen, die Botschaft Gottes zu hören.[153]

Um den Christen diese Freiheiten und Regeln zu gewährleisten, muss die Katholische Kirche eine Organisation sein, die absolute Öffentlichkeit bietet

---

[149] Ratzinger, Joseph; Maier, Hans: Demokratie in der Kirche. Möglichkeiten, Grenzen, Gefahren. Lahn-Verlag. Limburg. 1970. S. 18 f.

[150] Ratzinger; Maier. 1970. S. 20.

[151] Ratzinger. 1987. S. 174 f.

[152] Ratzinger. 1987. S. 180.

[153] Ratzinger. 1987. S. 180 f.

und beansprucht. Dazu produzieren das Christentum und die Kirche neben der Wahrheit auch moralische Grundsätze und Werte, die für das Zusammenleben essentiell sind.[154] Diese bilden die Grundlage für die westliche Wertegemeinschaft, auf denen die moderne Staatlichkeit beruht. Im folgenden Abschnitt soll diese Vorstellung Ratzingers weiter ausgeführt werden.

3.2.2 Staatlichkeit bei Ratzinger

Bei seiner Vorstellung von Staatlichkeit setzt Ratzinger nicht in der Vormoderne an, sondern nutzt moderne Ideen. So sieht er den Mehrheitsentscheid in einer Demokratie als aktuell bestes Mittel an, um politische Ziele zu erreichen. Als Hauptziel von Politik bezeichnet Ratzinger in seiner Rede zum 60. Jahrestag der Erklärung der Menschenrechte vor den Vereinten Nationen 2008 die Förderung des Gemeinwohls und die Verteidigung der menschlichen Freiheit.[155] Jeder Staat hat demnach die Pflicht, seine Bürger vor Verletzungen der Menschenrechte zu schützen, da jeder Mensch ein Ebenbild Gottes sei und dies seinen Schutz begründe.[156] Deshalb sind diese dem Mehrheitsentscheid in einer Demokratie entzogen.[157] Ratzinger hält dies für besonders wichtig, da, wie Schelkshorn schreibt, "die [...] Grundlagen der Menschenrechte letztlich nur säkularisierte Surrogate eines ursprünglich religiös-metaphysischen Fundaments [sind]."[158] In besonderer Weise betont Ratzinger sein Verständnis von staatlich gewährter Religionsfreiheit in der Rede. Er ist der Meinung, dass Religionsfreiheit nicht nur die freie Ausübung des Glaubens und der damit verbundenen Riten sein darf, sondern dass Religionsfreiheit Religionen auch einen besonderen Platz in der staatlichen Öffentlichkeit zuweisen sollte. Denn diese Form von Religionsfreiheit ist für Ratzinger die Grundlage für Frieden und Zusammenarbeit in einer Gesellschaft.[159] Trotzdem müssen der Staat und

---

[154] Ratzinger. 1987. S. 194 ff.

[155] Roos, Lothar; Münch, Werner; Spieker, Manfred: Benedikt XVI und die Weltbeziehung der Kirche. Schöningh-Verlag. Paderborn. 2015. S. 69.

[156] Roos; Münch; Spieker. 2015. S. 70.

[157] Ratzinger, Joseph: Werte in Zeiten des Unrechts. Die Herausforderungen der Zukunft bestehen. Herder-Verlag. Freiburg im Breisgau. 2005. S. 32.

[158] Schelkshorn, Hans: Ein religiös fundiertes Naturrecht als vorpolitische Grundlage des modernen Rechtsstaats? Ein philosophischer Essay zur Ansprache Papst Benedikt XVI im Deutschen Bundestag. In: Essen, Georg (Hrsg.): Verfassung ohne Grund? Die Rede des Papstes im Bundestag. Herder-Verlag. Freiburg im Breisgau. 2012. S. 130 f.

[159] Roos; Münch; Spieker. S. 71 f.

seine Institutionen weltanschaulich immer neutral bleiben, da ansonsten Religionsfreiheit nicht existieren kann.[160]

Die Gesellschaft und die damit verbundene Staatlichkeit ist für Ratzinger aber nichts Statisches. Für ihn sind beide auch immer mit Entwicklung und Evolution verbunden. Aufbauend auf den christlichen Werten muss der Staat regelmäßig erneuert werden und zwar nicht durch Reformen, sondern durch Revolutionen der Gesellschaft und der Staatlichkeit.[161] Reformen erhalten nämlich nur den Status Quo und ermöglichen keine Weiterentwicklung.[162] Er setzt dazu allerdings eine Voraussetzung: "Der Staat muss erkennen, dass ein Grundgefüge von christlich fundierten Werten die Voraussetzung seines Bestehens ist."[163]

Auf dieser Grundlage soll ein demokratischer Rechtsstaat gebildet werden, welcher nach einem Mehrheitsentscheid funktioniert, da die Mehrheit meistens erkennt, was gerecht ist. In Ratzingers Rede vor dem Deutschen Bundestag 2011 stellt er fest, dass dies auch der Grund für einen Politiker sein soll, Politik zu betreiben. Nicht das Erfolgs- beziehungsweise Machtstreben soll sein Antrieb sein, sondern das Bemühen um Gerechtigkeit.[164] Denn dafür ist der Staat und die Demokratie da: die Herstellung einer lebensnotwendigen gerechten Ordnung, die die Gleichheit aller akzeptiert.[165] Diese Ordnung ist gekennzeichnet von Pluralismus, da nur durch diesen eine Demokratie funktionieren kann.[166] Dieser ermöglicht es der Gesellschaft erst, die besten Entscheidungen in Kooperation aller Bürger und Weltanschauungen demokratisch zu finden. In dieser Kooperation kommt nun die Kirche ins Spiel.

3.2.3 Die Rolle der Kirche im Staatsgefüge

Um die Rolle der Kirche zu klären, verfasste Ratzinger sieben Aussagen, die hier nur verkürzt dargestellt werden und das Verhältnis darstellen sollen: 1.

---

[160] Utz, Arthur F. (Hrsg.): Glaube und demokratischer Pluralismus im wissenschaftlichen Werk von Joseph Kardinal Ratzinger. Zur Verleihung des Augustin-Bea-Preises. WBV-Verlag. Bonn. 1989. S. 42.

[161] Ratzinger. 2005. S. 16 ff.

[162] Ratzinger. 2005. S. 18.

[163] Roos; Münch; Spieker. S. 74.

[164] Roos; Münch; Spieker. S. 79.

[165] Wiedenhofer, Siegfried: Die Theologie Joseph Ratzingers/ Benedikt XVI. Ein Blick aufs Ganze.Verlag Friedrich Pustet. Regensburg. 2016. S. 748.

[166] Utz. 1989. S. 41.

Der Staat ist nicht die Quelle von Wahrheit und Moral. 2. Der Staat braucht ein Mindestmaß an Wahrheit und Erkenntnis des Guten. 3. Diese Erkenntnis muss von außen kommen. 4. Dieses Außen sind die Religionen, da diese einen Grundkonsens über das moralisch Gute und die Wahrheit aufweisen. 5. Von diesen Religionen ist das Christentum die universellste und rationalste Kultur. 6. Die Kirche darf nicht zum Staat oder Machthaber werden. 7. Die Kirche muss außerhalb des Staates sein und beide müssen die Grenzen des jeweils anderen respektieren.[167]

Da der Staat auf Werten und Moralvorstellungen beruht, die das Christentum hervorgebracht hat, sollte das Verhältnis beider Seiten von Kooperation geprägt sein. Ratzinger orientiert sich in diesem Punkt an Böckenförde und ist ebenfalls der Meinung, dass der Staat diese Grundlagen nicht garantieren könne. Dies kann nur das Christentum und damit verbunden die Kirche. Für Ratzinger nimmt die Kirche damit die Vermittlerposition zwischen Moral, Werten und Ethik und dem Staat ein.[168] Denn nur mit diesen Werten, die zu Menschenrechten geworden sind, kann eine Demokratie funktionieren. Diese Werte sind allerdings durch den Machbarkeitsglauben von Wissenschaft und Globalisierung erodiert. Ratzinger schreibt dazu: "Im Prozess der Begegnung und Durchdringung der Kulturen sind ethische Gewissheiten weithin zerbrochen, die bisher tragend waren."[169] Um diese wiederherzustellen, benötigt der Staat die Religion.

Die formelle Trennung von staatlicher und kirchlicher Sphäre hat für beide Seiten Vorteile. Denn die Kirche darf sich nicht von der Politik einspannen lassen, muss aber gleichzeitig die Möglichkeit haben, sich in Diskurse einzumischen, wenn diese moralische Fragen betreffen. Dies tut sie aber nur, wenn sie einen Verfall der Werte und Moral diagnostiziert.[170] Denn als Hüterin der Wahrheit und der Wertegrundlage des Staates besitzt die Kirche eine Verantwortung gegenüber der Gesellschaft, welche eine Einmischung in politische Diskurse rechtfertigt.[171] Als Alternative könnte die Politik die Religionsgemeinschaften aber auch zu einem Dialog bei gewissen Themen einladen, was dem Einmischen zuvorkommen würde.[172] Die Themen, wo eine Einmischung beziehungsweise eine Einladung gerechtfertigt wären, sind beispielsweise die Abtreibungsdebatte oder der Diskurs um Sterbehilfe. Durch die

---

167 Ratzinger. 2005. S. 65 f.

168 Wiedenhofer. 2016. S. 747.

169 Ratzinger. 2005. S. 30.

170 Wiedenhofer. 2016. S. 753 ff.

171 Wiedenhofer. 2016. S. 755 f.

172 Schelkshorn. 2012. S. 144.

Äußerungen der Religionsgemeinschaften, insbesondere der katholischen Kirche, wird laut Ratzinger, das demokratische Staatsgefüge stabilisiert, weshalb der Staat ein Interesse daran haben sollte, der Kirche einen exponierten Platz in der Gesellschaft zu geben.[173] Dieses Recht der Einmischung steht aber nicht nur der Katholischen Kirche, sondern allen großen Religionen zu. Denn auch diese haben, wie bereits oben angesprochen, Wahrheitsansprüche, die die Kirche respektieren muss. Nicht die großen Weltreligionen, sondern die kleinen Sekten bedrohen den Staat, da diese anti-demokratisch und anti-pluralistisch agieren würden.[174]

In seiner Rede vor dem Deutschen Bundestag 2011 legte er dann dar, dass die letztliche Entscheidung über Recht und Gesetz im politischen Prozess dann immer noch bei den Bürgern beziehungsweise den Abgeordneten liege. Ratzinger spricht sich also für ein Recht auf Einmischung auf Grundlage der christlichen Werte aus, nicht aber für ein Diktat von Regeln gegenüber dem Staat. Es liegt am Ende in der Verantwortung der politischen Entscheidungsträger zu erkennen, was moralisch gerechtfertigt ist und was nicht, und anschließend nach dem richtigen Grundsatz entscheiden. Die Religion dient als moralischer Kompass, dem die Menschen folgen können, es aber nicht müssen.[175] Ratzinger möchte mit dieser Vorstellung also nicht den liberalen demokratischen Staat in Frage stellen, sondern möchte erreichen, dass die europäischen Gesellschaften sich wieder auf Ethik, Moral und christliche Werte zurückbesinnen. Denn für ihn ist die europäische Kultur eine Mischung aus dem Gottesglauben der antiken Juden, den philosophischen Vorstellungen des antiken Griechenland und dem Rechtsdenken des antiken Rom.[176] Ratzinger selbst sagt dazu: "Die Erkenntnisse Jerusalems, Athens und Roms haben die Kultur Europas gestaltet."[177]

---

[173] Utz. 1989. S. 15.

[174] Utz. 1989. S. 43.

[175] Rhonheimer, Martin: Säkularer Staat, Demokratie und Naturrecht. Rechtsethische und demokratietheoretische Aspekte der Bundestagsrede Benedikts XVI. In: Essen, Georg (Hrsg.):Verfassung ohne Grund? Die Rede des Papstes im Bundestag. Herder-Verlag. Freiburg im Breisgau. 2012. S. 75-80.

[176] Rhonheimer. 2012. S. 82.

[177] Roos; Münch; Spieker. S. 81.

3.2.4 Vergleich der Ideen mit den liberalen Anforderungen

Wie schon bei Augustinus sollen nun die Vorstellungen Ratzingers mit den sechs liberalen Anforderungskriterien abgeglichen werden:

Wie steht der emeritierte Papst zur Trennung von Staat und Religion? Ratzinger sieht in der formellen Trennung der beiden Institutionen Vorteile für beide Seiten. Eine Kirche, die die christliche Religion repräsentiert, kann viel freier agieren, wenn sie nicht in ein Staatsgefüge implementiert ist (vgl. S. 47 f.). Er hält es deshalb für notwendig, dass die Kirche als Institution außerhalb des Staates steht, und stimmt hier mit der liberalen Anforderungen überein. Der zweite Punkt der Anforderungskriterien betrifft die Toleranz aller Aktuere untereinander. Dem würde Ratzinger ebenfalls zustimmen. Durch seine besondere Definition der Religionsfreiheit fordert er zwar einen besonderen Platz für Religionen in der Gesellschaft, beansprucht diesen aber nicht nur für das Christentum oder die Katholische Kirche alleine, sondern für alle großen Religionen (vgl. S. 48 f.). Er ist der Meinung, dass gute Christen akzeptieren müssen, dass auch andere Religionen einen Wahrheitsanspruch haben; selbst wenn man die propagierte Wahrheit für falsch hält, muss man den Anspruch trotzdem respektieren. Denn nur so kommt es zu interreligiösen Dialogen (vgl. S. 43 f.). Ratzinger erfüllt damit das liberale Kriterium der Toleranz und beantwortet mit diesen Punkten auch schon das dritte Kriterium, nämlich das Recht auf eine freie öffentliche Ausübung des eigenen Glaubens. Dies ist durch seine Vorstellung von Religionsfreiheit perfekt ausgefüllt. Er lehnt eine Zurückdrängung der Religionen ins Private ab, da zur freien Auslebung des Glaubens für ihn das Ausleben in der Öffentlichkeit gehört (vgl. S. 44).

Die Bereitschaft aller zur Kooperation spricht Ratzinger nicht direkt an, ist jedoch indirekt schon beantwortet. Durch seine Forderung nach Toleranz gegenüber Wahrheitsansprüchen anderer Religionen kommt er zu der Feststellung, dass interreligiöse Diskurse wünschenswert wären. Nur durch diese Zusammenarbeit kann man zu guten Ergebnissen für die Gesellschaft und zu einem friedlichen Zusammenleben kommen (vgl. S. 44 f.). Zu dieser Form des Zusammenlebens gehört es für ihn auch, dass Religionsgemeinschaften sich in politische Diskurse einmischen dürfen und ihre Meinung zu den Themen frei äußern dürfen. Dies schränkt er jedoch etwas ein, da er es nur den Religionsgemeinschaften gestattet, die nicht staatsfeindlich sind. Hiermit meint er Sekten, da diese anti-demokratisch und anti-pluralistisch agieren würden und somit dem Staat und der Gesellschaft schaden würden (vgl. S. 48 f.). Er findet es wichtig, dass die Religionen als Kompass in politischen Fragen dienen können, die die Grundwerte der Gesellschaft und ethische beziehungsweise moralische Fragen betreffen (vgl. S. 48). Er fordert somit nicht, dass man sich bei jeder Frage einmischen müsse, sondern nur dann, wenn die

Religionsgemeinschaft die eigenen Werte bedroht sieht. Er geht damit nicht einmal so weit wie Taylor, der den Religionsgemeinschaften ein grundsätzliches Äußerungsrecht zuschreibt, sondern schränkt den möglichen Einfluss der Religionen in politischen Entscheidungsprozessen selbst ein. Er ist hier auf einer Ebene mit Habermas. Dazu sagte Ratzinger im Diskurs der beiden 2005:

> "Hinsichtlich der praktischen Konsequenzen finde ich mich in weitgehender Übereinstimmung mit dem, was Jürgen Habermas über eine postsäkulare Gesellschaft [...] und die Selbstbegrenzung nach beiden Seiten [gemeint sind Staat und Religion] ausgeführt hat."[178]

Dem letzten Punkt, der Begrenzung von Entscheidungsträgern im Entscheidungsprozess auf Rationalität und das Ignorieren der eigenen Religionszugehörigkeit, kann Ratzinger nicht zustimmen. Zu seiner Auffassung von Religionsfreiheit gehört es, dass jeder seinen Glauben öffentlich ausleben kann, und dazu gehört auch, dass man nach den Überzeugungen des eigenen Glaubens handeln darf. Die Kirche und andere Religionen können nur ein moralischer Kompass sein. Die Entscheidungen an sich liegen am Ende immer noch bei den Bürgern und Politikern. Jedoch kann niemand diesen vorschreiben, den Vorschlägen der Religionsgemeinschaften nicht zu folgen. Auch wenn es normativ wünschenswert wäre, wenn alle Akteure in ihren politischen Entscheidungen nur den besten Argumenten folgen würden, ist dies praktisch nicht umzusetzen und in der Realität nicht zu beobachten. Gerade in den Wertedebatten und den ethischen Fragen der letzten 15 Jahre lässt sich beobachten, dass Politiker ihren religiösen Überzeugungen und ihrem Gewissen folgen. Beispiele hierfür sind die Debatten um die Sterbehilfe oder die Präimplantationsdiagnostik im Bundestag. Aus Ratzingers Sicht ist dies nur legitim. Ein Nachvollziehen der Trennung von Politik und Religion durch Bürger und Politiker ist für ihn, aufgrund seiner Definition der Religionsfreiheit, undenkbar.

So lässt sich feststellen, dass Ratzinger in den meisten Punkten mit den liberalen Anforderungskriterien übereinstimmt und nur in einzelnen Punkten Unterschiede bestehen. Dies zeigt aber auch, dass Ratzinger als Vertreter der Katholischen Kirche und emeritierter Papst Benedikt XVI. den Primat der Politik und die Existenzberechtigung eines pluralistischen liberalen demokratischen Staates anerkennt.

---

[178] Habermas; Ratzinger. 2005. S. 56.

3.3 Die Öffentliche Theologie von Heinrich Bedford Strohm

Nach der näheren Betrachtung der aktuellen Position der katholischen Kirche soll im folgenden Abschnitt auf die Haltung der Evangelischen Kirche (EKD) gegenüber dem Verhältnis von Staat und Religion eingegangen werden. Hierzu werden einzelne Aufsätze des Vorsitzenden der Evangelischen Kirche in Deutschland, Heinrich Bedford-Strohm (1960 - heute), herangezogen. Dieser war lange Jahre Professor für Systematische Theologie an der Universität Bamberg und hat dort bis zu seiner Wahl zum Bayerischen Landesbischof 2011 wegweisend die Forschung zur Rolle der Kirche in einer modernen Gesellschaft untersucht.

Für Bedford-Strohm steht nicht die institutionelle Ausgestaltung des Verhältnisses von Staat und Religion im Vordergrund, dieses besteht für ihn in einer klaren institutionellen Trennung, sondern, wie er es in seiner Abschiedsvorlesung 2011 klarstellt, die Frage, welche Rolle die Kirche und ihre Theologie in modernen pluralen demokratischen Gesellschaften spielt.[179] Bei seinen Untersuchungen stehen stets zwei Begriffe im Zentrum: zum einen der Begriff der Zivilgesellschaft und zum anderen der Begriff der Öffentlichen Theologie, der nicht nur ein Begriff, sondern auch ein theologisches Programm ist, welches neben Bedford-Strohm auch Wolfgang Huber, der langjährige Vorsitzende der EKD, und die EKD selbst öffentlich vertreten.[180] Aufgrund dessen soll im Folgenden die Vorstellung Bedford-Strohms von der Position der Kirche(n) in einer Zivilgesellschaft auf Basis der beiden Begriffe vorgestellt, die Kritik an diesem Ansatz betrachtet und anschließend werden seine Vorstellungen mit den liberalen Anforderungskriterien verglichen werden.

---

[179] Bedford-Strohm, Heinrich: Öffentliche Theologie und Kirche. Abschiedsvorlesung an der Universität Bamberg am 26. Juli. 2011. http://landesbischof.bayern-evangelisch.de/Reden-2011-124.php (Stand: 20.01.2017).

[180] Fischer, Johannes: Gefahr der Unduldsamkeit. Die "Öffentliche Theologie" der EKD ist problematisch. Auf: Zeitzeichen.net. 20.04.2016. http://zeitzeichen.net/no_cache/religion-kirche/kritik-an-der-ekd-theologie/?sword_list%5B0%5D=johannes&sword_list%5B1%5D=fischer (Stand: 20.01.2017).

3.3.1 Zivilgesellschaft als modernes Gesellschaftsmodell

Ende der 80er Jahre tauchte in vielen Disziplinen wie der Soziologie, der Politikwissenschaft und der Philosophie, aber auch der Theologie der Begriff der Zivilgesellschaft auf, der in den 90er Jahren schnell zum Trend in diesen Disziplinen avanciert. Der Begriff an sich geht zurück auf den antiken Begriff der *politiké koinonia* beziehungsweise der *societas civilis* und die Vorstellungen einer *civil society* im 19. Jahrhundert zurück. Diese *civil society* unterscheidet sich in den Definitionen des 19. Jahrhunderts von dem Begriff *society* insofern, als die *civil society* durch staatsbürgerliches Engagement im Willensbildungsprozess einer Demokratie geprägt ist.[181] Geprägt sind diese Zivilgesellschaften für Bedford-Strohm nicht durch einen Verlust an Gemeinschaft durch Individualisierung, sondern durch eine Liberalisierung der Gemeinschaft. Diese Entwicklung sieht er als Chance und Risiko zugleich. Er plädiert deshalb dafür, dass Individualität, Gemeinschaft und Eigeninteresse in diesen Zivilgesellschaften kombiniert werden sollten.[182]

In der Wissenschaft bilden sich Ende der 80er zwei Interpretationen der Zivilgesellschaft aus, die sich schnell zu unterschiedlichen Forschungstraditionen ausweiten. Zum einen existiert die wirtschaftsliberale Interpretation, in der der Wirtschaftsbürger im Mittelpunkt steht, und zum anderen die kommunitärliberale Interpretation, in welcher der Bürger als engagierter Staatsbürger im Mittelpunkt steht.[183] Der zweiten Variante schließt sich Bedford-Strohm an.

In dieser Interpretation der Zivilgesellschaft geht es neben der Stärkung der Individualrechte der Bürger vor allem darum, die Probleme von Bürgern in neuen Kollektivakteuren öffentlich zu artikulieren. Diese Akteure können Bürgerinitiativen, soziale Bewegungen, Gewerkschaften, Parteien und auch Kirchen sein. Allerdings müssen alle diese Akteure die Regeln und Gesetze des Staates akzeptieren und dürfen nicht staatsfeindlich eingestellt sein, da der Staat immer die Voraussetzung für die Existenz der Zivilgesellschaft ist, in der sich diese Akteure bewegen.[184] Sie sind dadurch gezwungen, mit den Institutionen des Staates zusammenzuarbeiten, und müssen dies auch bereitwillig tun.

---

[181] Bedford-Strohm, Heinrich: Kirche in der Zivilgesellschaft. In: Weth, Rudolf: Was hat die Kirche heute zu sagen? Auftrag und Freiheit der Kirche in der pluralistischen Gesellschaft. Neukirchener Verlagsgesellschaft. Neukirchen-Vluyn. 1998. S. 93 f.

[182] Grotefeld, Stefan: Book Review. In: Ethical Theory and Moral Practice. Vol. 3/ 2000. S. 337 f.

[183] Bedford-Strohm, Heinrich: Öffentliche Theologie in der Zivilgesellschaft. In: Höhne Florian; van Oorschot, Frederike (Hrsg.): Grundtexte Öffentliche Theologie. Evangeli sche Verlagsanstalt. Leipzig. 2015. S. 214.

[184] Bedford-Strohm. 1998. S. 96 ff.

Dies gilt insbesondere für die Kirchen, die über eine lange Zeit hinweg misstrauisch gegenüber dem demokratischen Staat waren. Bedford-Strohm merkt an, dass Pluralismus, der den Kirchen lange Zeit fremd war, zentral ist für die Existenz einer Zivilgesellschaft. Nur durch die Verständigung verschiedener Akteure mit unterschiedlichen Positionen kann ein Konsens gefunden werden, der allen nützt und den alle akzeptieren können. In diesem Punkt schließt sich Bedford-Strohm John Rawls an und übernimmt dessen Idee vom *Overlapping Consensus*.[185] Um diese Debatten möglich zu machen, braucht es Regeln, die alle akzeptieren. Nur dann können verschiedene Akteure mit ihren unterschiedlichen Wahrheitsansprüchen der Zivilgesellschaft nützen.[186]

Genau hier sollten die Kirchen mit ihrem Wahrheitsanspruch ansetzen. Mit ihren Werten und ihren Moralvorstellungen können sie in der Kommunikation mit anderen Vorstellungen der Gesellschaft einen Input geben, den diese benötigt. Dies beschreibt Bedford-Strohm als Theologische Freiheit, die für ihn immer kommunikative Freiheit ist und darin besteht, das zu vertreten, was der Akteur für wahr hält, ohne dafür Repressionen fürchten zu müssen.[187] Er schreibt dazu: "Kirche und Theologie wird relevant, wenn sie ein kommunikatives Freiheitsverständnis aktiv und mit Leidenschaft in den Diskurs einbringt."[188] Der Vorteil der Kirchen in Deutschland ist dabei, dass diese als Akteure der Zivilgesellschaft allgemein anerkannt sind, da ihr Öffentlichkeitsanspruch vom Staat geschützt wird. Deshalb haben Kirchen relativ einfach die Möglichkeit und die moralische Pflicht, sich an politischen Diskursen zu beteiligen. Kirchen müssen sich als Gemeinschaft, die der Gesellschaft nützt, verstehen. Sie sollen sich deshalb selbst als Kleber der Gesellschaft sehen.[189]

Aus diesem Grund müssen sie sich äußern und haben durch den internen Pluralismus der Kirchen, - gemeint ist hier die weitgestreute Fachkompetenz der Gläubigen in verschiedensten Bereichen, - immer die Möglichkeit sich fundiert an allen Debatten zu beteiligen. Ihr Potenzial übersteigt daher die Möglichkeiten der NGOs bei Weitem.[190] Hauptaufgabe der Kirche ist in den Debatten allerdings zunächst, auf die eigenen Werte und moralischen Vorstellungen hinzuweisen. Bedford-Strohm bezeichnet den politischen Diskurs in

---

185 Bedford-Strohm, Heinrich: Was darf Religion? In: Die Zeit. 33/2016. 04.08.2016. http://www.zeit.de/2016/33/staat-religion-demokratie-staat-gewalt-terrorismus (Stand: 22.01.2017).

186 Bedford-Strohm. 1998. S. 100 f.

187 Bedford-Strohm. 1998. S. 101.

188 Bedford-Strohm. 1998. S. 103.

189 Grotefeld. 2000. S. 338.

190 Bedford-Strohm. 1998. S. 103 - 106.

der Folge deshalb als das Herz der Gesellschaft und die Kirchen als deren Lunge, die den Kreislauf der Gesellschaft immer wieder mit den Werten, der Moral und der christlichen Ethik anreichern.[191] Wie dieses Anreichern genau funktionieren soll, beschreibt Bedford-Strohm in seinen Äußerungen zur Öffentlichen Theologie.

3.3.2 Öffentliche Theologie als politisches Programm

In seinem Programm der Öffentlichen Theologie beschäftigt sich Bedford-Strohm nun damit, welche Möglichkeiten und Pflichten die Kirchen haben, um sich im politischen Prozess zu beteiligen. Er schreibt, dass Öffentliche Theologie der Versuch ist, die Welt und damit die Lebenswelt der Menschen, zu verändern. Er geht nämlich davon aus, dass der Mensch in Grundfragen des Seins Orientierungsbedarf hat, den die Kirche mithilfe der Öffentlichen Theologie befriedigen kann.[192] Er schreibt dazu:

> "Öffentliche Theologie befasst sich mit den Orientierungsfragen, die, häufig versteckt hinter konkreten politischen Entscheidungssituationen, moderne demokratische Öffentlichkeiten beschäftigen."[193]

Gerade in bio-ethischen Fragen und Fragen, in denen soziale Gerechtigkeit eine Rolle spielt, ist diese Orientierungshilfe relevant. Kirche als Teil pluralistischer Gesellschaften und Ort des sozialen Zusammenhalts hat für ihn, wie oben schon genauer beschrieben, die moralische Pflicht, sich dazu zu äußern, da sie entscheidend zum *Overlapping Consensus* beitragen kann und deren Werte das Fundament der modernen pluralen Gesellschaft bilden.[194] Die Frage ist nun, wie sich die Kirchen äußern sollen.

Öffentliche Theologie ist für Bedford-Strohm immer auch mit interdisziplinärem Austausch verbunden. Um diesen zu gewährleisten, muss die Kirche über eine Zweisprachigkeit verfügen. Im Anschluss an die Vorstellungen von Rawls und Habermas geht Bedford-Strohm davon aus, dass theologische Äußerun-

---

[191] Bedford-Strohm. 1998. S. 106.

[192] Bedford-Strohm, Heinrich: Öffentliche Theologie als Theologie der Hoffnung. In: Link-Wieczorek, Ulrike (Hrsg.): Reich Gottes und Weltgestaltung: Überlegungen für eine Theologie im 21.Jahrhundert. Neukirchener Verlagsgesellschaft. Neukirchen-Vluyn. 2013a. S. 75 f.

[193] Bedford-Strohm, Heinrich: Öffentliche Theologie und politische Verantwortung. In: Abmeier, Karlies; Borchard, Michael; Riemenschneider, Matthias (Hrsg.): Religion im öffentlichen Raum. Schöningh-Verlag. Paderborn. 2013b, S. 28.

[194] Bedford-Strohm. 2015. S. 215 f.

gen immer auch in die Sprache der Öffentlichen Vernunft übersetzt werden sollten, damit alle Menschen, auch die Nicht-Religiösen, die Argumente nachvollziehen und diesen eventuell zustimmen können. Die beiden Sprachen, die dementsprechend gesprochen werden müssen, sind die biblisch-theologische Sprache und die Sprache der säkularen Vernunft.[195] Beide Sprachen sind laut Habermas, den Bedford-Strohm zitiert, gleichberechtigt und keine kann der anderen untergeordnet werden, sondern beide müssen wechselseitig aufeinander hören.[196]

Für Bedford-Strohm hat die Öffentliche Theologie sechs Charakteristika, die sie befolgen sollte, nämlich "1. ihr biblisch-theologisches Profil 2. ihre Zweisprachigkeit 3. ihre Interdisziplinarität 4. ihre Politikberatungskompetenz 5. ihre prophetische Qualität und 6. ihre Interkontextualität."[197] Interkontextualität meint hierbei, dass die Öffentliche Theologie sich selbst zwar als universale Weltanschauung betrachten sollte, jedoch in bestimmten Kontexten niemals ignorieren darf, dass es auch andere Kirchen und Religionsgemeinschaften gibt, mit denen man ökumenisch zusammenarbeiten sollte.[198] Besonders wichtig sind ihm die die Politikberatung und die prophetische Kritik. Diese müssen seiner Meinung nach immer miteinander verbunden sein, und Mitglieder der Kirche müssen wissen, zu welchem Zeitpunkt sie welches Mittel anwenden.[199] Während die Politikberatung darauf abzielt, in politischen Debatten einen Konsens zu generieren, ist die prophetische Kritik auf das bloße Hinweisen auf Missstände beschränkt. Neben diesen beiden Optionen gibt es noch zwei weitere, sodass es insgesamt vier Dimensionen der öffentlichen Rede für die Kirche gibt. Die erste ist die pastorale Dimension; sie ist die eigentliche Seelsorge und kümmert sich um die persönlichen Probleme der Menschen. Die zweite Dimension ist die diskursive Dimension. Diese steht in politischen Debatten im Mittelpunkt und jeder Christ, nicht nur die Amtspersonen der Kirche, ist befähigt, sich dieser Dimension zu bedienen. Diese Dimension bekräftigt öffentlich die Akzeptanz des Pluralismus von Seiten der Kirche, da die Kirche in dieser Dimension in den Dialog mit anderen tritt. Die dritte Dimension ist die oben schon angesprochene politikberatende Dimension. Hier geht es für die Kirche um Sachkompetenz und eine Orientierungshilfe für die Politik. In der vierten Dimension, der prophetischen Kritik, müssen sich zwingend die Bischöfe und Priester äußern. Ein Anprangern von Missständen muss immer mit Autorität verbunden sein und auf moralische Prob-

---

195 Bedford-Strohm. 2013b. S. 30.

196 Bedford-Strohm. 2011. S. 9.

197 Bedford-Strohm. 2013b. S. 32.

198 Bedford-Strohm. 2015. S. 221.

199 Bedford-Strohm. 2013b. S. 31.

leme aufmerksam machen. Diese Dimension ist das stärkste Mittel der Kirche, da sie die Autorität des Amtes nutzt, um Probleme zu thematisieren und eine Debatte zu eröffnen, in der dann die anderen Dimensionen zum Zug kommen.[200] Allerdings sollte diese Dimension selten angewandt werden, da sie sonst ihre Relevanz verliert. Bedford-Strohm schreibt, dass Öffentliche Theologie versucht "theologisch klar profilierte Inhalte so in die öffentliche Debatte einzubringen, dass sie für alle Menschen guten Willens plausibel zu werden mögen."[201]

Wie positioniert sich Öffentliche Theologie nun aber inhaltlich? Bedford-Strohm beschreibt das Programm der Öffentlichen Theologie mit dem "Vorrang für die Armen". Dieses Konzept der evangelischen Theologie der 1980er Jahre bedeutet, dass alle Entscheidungen einer Gesellschaft an der Frage orientiert sein müssen, inwiefern die Armen von dieser Entscheidung betroffen sind.[202] Diese Sicht vertritt die Soziallehre der evangelischen und der katholischen Kirche. Die Kirche ist deshalb in politischen Debatten immer die Anwältin der Armen und kann verschiedene Möglichkeiten der politischen Rede nutzen. Entweder nutzt sie die politikberatende und diskursive Dimension oder sie nutzt die prophetische Dimension. In dieser bestehen verschiedene Möglichkeiten, um auf die Probleme aufmerksam zu machen. Diese reichen von öffentlichen Erklärungen über Demonstrationen bis hin zu zivilem Ungehorsam und sollen die Probleme der Armen öffentlich wahrnehmbar machen.[203] Die Form der Kommunikation begründet Bedford-Strohm mit Luther: Schließlich war das Anschlagen der Thesen von Luther in Wittenberg, falls es dieses Ereignis gegeben hat, auch Öffentliche Theologie. Luther sieht sich selbst auch als Anwalt der Armen. Er findet die Preisfindung durch Angebot und Nachfrage unfair, da dieser Mechanismus sich nicht an den Ärmsten orientiert. Er kritisiert die zu große Nähe von Politik und Wirtschaft und prangert Zinsgeschäfte, wie sie Jakob Fugger betreibt, an.[204] Später bezeichnet Bonhoeffer den Verzicht der Kirche auf Öffentlichkeit als Selbstbetrug, denn ein Christ, der zwar nach den christlichen Regeln lebt, aber ignoriert, was um ihn herum passiert, lebt nicht wirklich nach den Werten des Christentums.[205] In dieser Tradition muss die evangelische Kirche agieren und die Politik zum

---

[200] Bedford-Strohm. 2013b. S. 36 ff.

[201] Bedford-Strohm. 2015. S. 226.

[202] Bedford-Strohm, Heinrich: Vorrang für die Armen. Öffentliche Theologie als Befreiungstheologie einer demokratischen Gesellschaft. In: Nüssel, Friederike (Hrsg.): Theologische Ethik der Gegenwart. Mohr Siebeck-Verlag. Tübingen. 2009. S. 168 f.

[203] Bedford-Strohm. 2009. S. 175.

[204] Bedford-Strohm. 2009. S. 177 f.

[205] Bedford-Strohm. 2013b. S. 82.

Handeln bewegen. Das ist die Aufgabe von Öffentlicher Theologie, denn sie sieht die ganze Welt als Handlungsort Gottes, in welchem Christen sich engagieren müssen. Bedford-Strohm schreibt dazu: "Die Freiheit eines Christenmenschen besteht genau darin, in der eigenen Existenz [...] in allen Bereichen des Lebens zu bezeugen, dass auch hinter den vielen Neins, die wir täglich vor uns sehen oder selbst erfahren, am Ende Gottes großes Ja steht."[206]

3.3.3 Kritik an der Öffentlichen Theologie

Bedford-Strohm ist als oberster evangelischer Christ in Deutschland überzeugt, dass sein Programm richtig ist und dieses von der Evangelischen Kirche als Ganzes getragen werden sollte. Jedoch ist dies nicht unumstritten in den Reihen der evangelischen Christen und der Kirche. Es kommt bei Bedford-Strohm häufiger zu Kritik als bei den anderen Autoren, weshalb diese hier kurz dargestellt werden soll.

Viele der Kritiker verweisen darauf, dass sich die Kirche aus der Politik in vielen Fällen heraushalten sollte. Man sollte sich vielmehr wieder auf die eigene Sache konzentrieren und nicht versuchen die spirituelle Auszehrung, wie Fischer es nennt, durch eine hohe Präsenz in politischen und ethischen Debatten zu kompensieren.[207] Fischer zitiert an dieser Stelle den aktuellen Bundesfinanzminister Wolfgang Schäuble, der anlässlich des 500jährigen Reformationsjubiläums einen Gastbeitrag geschrieben hat. Schäuble schreibt darin: Es "entsteht der Eindruck, als gehe es in der evangelischen Kirche primär um Politik, als seien politische Überzeugungen ein festeres Band als der gemeinsame Glaube. [...] [Religion] muss, um politisch zu sein, erst einmal Religion sein."[208] Es wird hier von Schäuble nicht kritisiert, dass sich die Kirche in die politischen Debatten einmischt, sondern dass sie ihren Kern dadurch verliert, dass sie nicht mehr ausreichend auf das eigentlich wichtige, nämlich den Glauben, schaut.

"Nicht jede politische Frage, um die in der Demokratie kontrovers gerungen wird, ist ein 'Reichstag zu Worms'",[209] schreibt Schäuble in seinem Beitrag. Für ihn äußert sich die Kirche zu oft auch in Debatten, die für die Glaubensgemeinschaft nicht so relevant sind. Nicht die Welt braucht zuerst ethische

---

206 Bedford-Strohm. 2013b. S. 83.

207 Fischer. 2016.

208 Fischer. 2016.

209 ekd.de: Wolfgang Schäuble: Ein selbstbewusster Protestantismus ist wichtig für Deutschland. https://www.ekd.de/aktuell_presse/103732.html (Stand: 23.01.2017).

Orientierung, sondern Glaube und Kirche bedürfen einer geistlichen Orientierung, die häufig zu Gunsten der öffentlich wirksamen Auftritte vernachlässigt wird. Die politischen Implikationen "sind nicht der letzte und eigentliche Zweck des theologischen Nachdenkens."[210] Für die Kritiker der Öffentlichen Theologie ist die Hauptaufgabe der Kirche, denen Orientierung zu geben, die als Mitglieder der Kirche auf der Suche nach religiösen Inhalten sind. Die Frage nach eigentlich theologischen Inhalten, wie Riten, Frömmigkeit und Gottesgegenwärtigkeit, wird laut Fischer allerdings von der Öffentlichen Theologie ignoriert. [211]

Diese Kritik muss sich auch Bedford-Strohm persönlich gefallen lassen, der, seitdem er Vorsitzender der EKD ist, schon den Spitznamen "Padford-Strohm" bekommen hat, da er laut Kritikern in jeder freien Minute versuche, seine politischen Botschaften über soziale Netzwerke zu verbreiten, anstatt sich auf die wichtigen theologischen Inhalte zu konzentrieren.[212]

3.3.4 Vergleich mit den liberalen Anforderungskriterien

Nun soll, wie auch schon bei Augustinus und Ratzinger, der Vergleich der Positionen Bedford-Strohms mit den liberalen Anforderungskriterien folgen:

Die institutionelle Trennung von Staat und Religion ist für Bedford-Strohm selbstverständlich verankert. Als Mensch, der in der konsolidierten Demokratie der Bundesrepublik aufgewachsen ist, stellt er die Trennung gar nicht in Frage und erwähnt diesen Punkt folglich kaum. In seiner Abschiedsvorlesung an der Universität Bamberg 2011 erwähnt er nebenbei diesen Punkt, betont aber stattdessen, dass es ihm um die Rolle der Kirche in der Zivilgesellschaft geht (vgl. S. 52). Dem zweiten Punkt, der Toleranz aller Akteure untereinander, entsprechen die Vorstellungen Bedford-Strohms ziemlich genau: Der Staat muss den Öffentlichkeitsanspruch der Religionsgemeinschaften akzeptieren und mit ihnen zusammenarbeiten. Bedford-Strohm spricht sich außerdem nicht nur für die Toleranz aller Religionsgemeinschaften untereinander, sondern auch für eine starke Kooperation aller Gemeinschaften aus. Bedford-Strohm ist als überzeugter Vertreter der Ökumene der Meinung, dass nur durch die gegenseitige Akzeptanz und Zusammenarbeit aller Religionen Gutes

---

[210] Fischer. 2016.

[211] Fischer. 2016.

[212] Thielmann, Wolfgang: Heinrich Bedford-Strohm. Der Tablet-Theologe. Auf. ZEIT ONLINE. 11.11.2014. http://www.zeit.de/gesellschaft/zeitgeschehen/2014-11/heinrich-bedford-strohm-portraet. (Stand: 23.01.2017).

für die Gesellschaft entstehen kann (vgl. S. 53 ff.). Vor allem aber liegt ihm die Zusammenarbeit mit den anderen christlichen Konfessionen am Herzen. In seinem Buch "Funkenflug - Glaube neu entfacht" schreibt er dazu: "Schon jetzt treten für mich [...] die theologischen Differenzen in den Hintergrund [... Es geht] vor allem darum, gemeinsam um Christus herum versammelt zu sein"[213] Er erfüllt damit nicht nur das zweite Kriterium, sondern auch das vierte. Er ist nicht nur bereit mit anderen Gläubigen und Nichtgläubigen zusammenzuarbeiten, sondern sieht diese Zusammenarbeit sogar als Notwendigkeit an (vgl. S. 53 f.).

Auf den dritten Punkt, die umfassende Religionsfreiheit, geht er kaum ein. Es scheint fast so, als sei dies eine Selbstverständlichkeit, die er sich gar nicht wegdenken kann. Es zeigt sich jedoch regelmäßig, dass er die plurale Zivilgesellschaft akzeptiert und Jedem die Auslebung der eigenen Vorstellungen zugesteht. Dazu gehört dann auch das freie öffentliche Ausleben der eigenen Religion. Das fünfte Kriterium, die freie Meinungsäußerung von vernünftigen Religionsgemeinschaften im politischen Prozess, ist ihm sehr wichtig. Darauf zielt letztlich sein gesamtes Programm der Öffentlichen Theologie ab. Die kommunikative Freiheit, wie er es nennt, ist die zentralste Freiheit seines theologischen Programms. Er tritt dafür ein, dass Religionsgemeinschaften die Möglichkeit bekommen sollten sich zu allen politischen Debatten zu äußern. Bedford-Strohm stellt für die Formen der Äußerung in der Folge Regeln auf, die die Vertreter einer Öffentlichen Theologie befolgen sollten (S. 55 ff.). Er geht sogar noch über die im liberalen Anforderungsprofil aufgestellte Forderung hinaus und erfüllt mit seiner Forderung nach Zweisprachigkeit ein zentrales Merkmal der Theorie von John Rawls (vgl. S. 55 f. / S. 21). Die Übersetzung theologischer Äußerungen in eine Sprache der Öffentlichen Vernunft entspricht genau dem, was Rawls von den Religionsgemeinschaften fordert.

Dem sechsten Kriterium, der Forderung nach rationalem, faktenorientiertem Handeln und dem Ignorieren der eigenen Religion auf Seiten der Politiker, widerspricht Bedford-Strohm nicht direkt. Er fordert die Kirche auf, sich an politischen Debatten zu beteiligen und das Mittel der Politikberatung zu nutzen. Er möchte die Kirche dazu bringen, die Einflussmöglichkeiten der Politik zu nutzen, um die eigene Agenda (Vorrang für die Armen) durchzusetzen. Politiker sollten in diesen Fragen durchaus faktenorientiert handeln und sich von der Kirche Orientierung geben lassen (vgl. S. 56 f.). Dass sie dabei aber ihre eigene Religionszugehörigkeit hintanstellen sollen, sagt Bedford-Strohm nicht. Er spricht es nicht an, aber es ist davon auszugehen, dass er als Mann der Kirche das vollständige Ausblenden der eigenen Religionszugehörigkeit im

---

[213] Bedford-Strohm, Heinrich: Funkenflug – Glaube neu entfacht. adeo-Verlag. Aßlar. 2010. S. 158.

Entscheidungsprozess nicht gutheißen kann. Er erfüllt damit das sechste Kriterium nur zum Teil.

Insgesamt lässt sich aber festhalten, dass die Vorstellungen des Bayerischen Landesbischofs gut zu den liberalen Anforderungen passen. Dies verwundert nicht, da sich Bedford-Strohm in einigen Punkten wie der Zweisprachigkeit oder dem *Overlapping Consensus* von Rawls und Habermas leiten lässt.

4 Muslimische Sicht des Verhältnisses von Staat und Islam

4.1 Hassan al-Banna: Begründer des politischen Islam

Hassan al-Banna (1906 - 1949) gilt heute als der Begründer des modernen politischen Islams. Die von ihm gegründete Muslimbruderschaft in Ägypten war der Ausgangspunkt für alle radikalen islamistischen Gruppen, die man heute kennt, ob Hamas, Al-Quaida, Islamischer Staat oder auch die Ayatollahs im Iran. Al-Bannas Ideen vom islamisch geprägten Staat beeinflussten sämtliche Denker des sunnitischen und auch schiitischen Islam. Deshalb ist es wichtig, sich die Ideologie und die Umstände, unter denen al-Banna diese entwickelte, näher zu betrachten. Zuerst soll kurz auf die Biographie und den Hintergrund von al-Banna eingegangen werden, damit man seine Vorstellungen von Islam und Staatlichkeit verstehen kann.

4.1.1 Biographie und Hintergrund

Hassan al-Bannna wird 1906 in der ägyptischen Kleinstadt El Mahmoudiyah geboren. Die Stadt liegt ca. 90 km nordöstlich von Kairo im Nildelta, einem ländlich geprägten Teil Ägyptens, in welchem die Menschen in den 1920er Jahren traditionell und religiös eingestellt waren. Auch al-Banna wird in eine religiöse Familie hineingeboren; der Vater ist Imam in der örtlichen Moschee, und bereits in frühester Jugend engagiert sich al-Banna in sufistischen Orden und anderen muslimischen Gemeinschaften.[214] Nach dem Besuch einer Religionsschule besucht al-Banna ab seinem 12. Lebensjahr die Grundschule. Er gilt als ziemlich intelligent und geht bereits im Alter von 14 Jahren an eine Schule, an der Lehrer ausgebildet werden. Mit 16 Jahren zieht er 1923 nach Kairo, um am Dar al-'Ulum College Lehramt zu studieren.[215] Der Umzug ist für al-Banna, der seine Heimat vorher nie verlassen hatte, ein Kulturschock. In Kairo wird er mit sozialen Missständen, fehlender Moral und westlichen Einflüssen konfrontiert, die ihn politisieren. Als er 1927 sein Studium ab-

[214] Künzl, Jan: Islamisten – Terroristen oder Reformer? Die ägyptische Muslimbruderschaft und die palästinensische Hamas. Tectum Verlag. Marburg. 2008. S. 26.

[215] Mousalli, Ahmad: Hassan al-Banna. In: Esposito, John L.; Shahin, Emad El-Din: The Oxford Handbook of Islam and Politics. Oxford University Press. Oxford. 2013. S. 130.

schließt, wird er in eine Stadt am Suez-Kanal versetzt, die geprägt ist von Europäern, da die Briten dort militärisch präsent sind und die Hauptverwaltung des Suez-Kanal dort ihren Sitz hat. Al-Banna fängt an, zu den einfachen Arbeitern zu predigen und sich gegen die westlichen Einflüsse auf das ägyptische Leben zu wehren. 1928 gründet er dann die Muslimbruderschaft, welche anfangs vor allem als karitative Gemeinschaft auftritt.[216]

Geprägt ist diese Phase in den 20er Jahren in Ägypten vor allem durch eine erhebliche Landflucht in die Städte und einen westlichen Einfluss durch die Briten, die trotz der Unabhängigkeit von 1922 de facto noch das Land regieren. Al-Banna schafft es vor allem, die ländliche und einfache Bevölkerung anzusprechen, und versucht diese wieder zu den Werten des Islams zu führen. Deshalb ist die Hauptaufgabe der Muslimbruderschaft auch die Erlösung der Muslime von Dekadenz, fehlender Moral und europäischen, säkularen und anti-islamischen Einflüssen.[217] Während die Bruderschaft in den 1930er Jahren stark anwächst und sich eher als karitative Gemeinschaft etabliert, radikalisiert und politisiert sich die Bruderschaft in den 1940er Jahren. Die zunehmende Nutzung von Gewaltmitteln lehnte al-Banna zwar ab, kann dies aber nicht mehr verhindern, da die Gemeinschaft mit ca. 500 000 Mitgliedern unüberschaubar und unkontrollierbar groß gworden ist.[218] Außerdem hatte das Regime unter König Farouk mehr und mehr Angst vor der Bruderschaft und begann mit Repressionen und Inhaftierungen vieler Mitglieder, darunter mehrmals auch al-Banna. 1948 wird die Bruderschaft schließlich verboten.[219] Aufgrund dessen ermordet ein junges Mitglied der Bruderschaft den Premierminister, in einer Racheaktion des Regimes wird Hassan al-Banna am 12.02.1949 von Geheimpolizisten auf offener Straße erschossen.[220]

Die Umstände der Lebzeiten al-Bannas sind für die folgenden Erläuterungen wichtig, da al-Banna geprägt ist durch die sozialen Probleme Ägyptens, den Kampf gegen die Fremdherrschaft der Briten und die fehlende Präsenz des Islam. All seine Schriften zielen darauf ab, diesen Status Quo zu verändern.

---

[216] Mousalli. 2013. S. 130.

[217] Mustafa, Imad: Der Politische Islam. Zwischen Muslimbrüdern, Hamas und Hizbollah. Promedia Druck- und Verlagsgesellschaft. Wien. 2013. S. 32.

[218] Mousalli. 2013. S. 131.

[219] Hafez, Farid: Islamisch-politische Denker. Eine Einführung in die islamisch-politische Ideengeschichte. Verlag Peter Lang. Frankfurt am Main. 2014. S. 152.

[220] Moser, Thomas J.: Politik auf dem Pfad Gottes. Zur Genese und Transformation des militanten sunnitischen Islamismus. Innsbruck University Press. Innsbruck. 2012. S. 51 f.

4.1.2 Das Islamverständnis al-Bannas

Wie versteht Hassan al-Banna den Islam und damit verbunden den Koran? Als erstes kann man festhalten, dass al-Banna kein Muslim ist, der den Koran wörtlich auslegen möchte. Er plädiert vielmehr für eine moderne Interpretation des Korans. Deshalb verbindet al-Banna klassisches islamisches Denken mit modernen Begrifflichkeiten und Erkenntnissen der europäischen Aufklärung und der antiken griechischen Philosophie.[221] Al-Banna versucht, den Islam den Muslimen wieder zugänglich zu machen. Dazu benutzt er moderne Sprache und hebt sich dadurch von den sufistischen Gelehrten ab. Deren Interpretationen des Korans sind für einfache Leute nicht zu verstehen, weshalb sich viele Muslime unter der Herrschaft der Briten von den Werten des Islam abgewendet haben. Dies möchte al-Banna rückgängig machen, indem er die Menschen wieder zu den Werten und der Ethik des Islam zurückführt.[222] Hierfür müssen die Muslime aber erst einmal anerkennen, dass sie sich vom wahren Glauben abgekehrt haben.

Für al-Banna und viele andere Denker des Islam befindet sich der Islam seit der Zeit der vier Kalifen 632 – 661 nach Christus im Niedergang. Die Hochphase des Islam im Mittelalter und die riesige geographische Ausdehnung sind für ihn nur Fassade. Nicht die Verbreitung des Islam und das Leben nach dessen Regeln, sondern vielmehr Eigeninteressen der Herrscher hätten dazu geführt, dass der Islam im Mittelalter scheinbar erfolgreich war.[223] Dieses von egoistischen Motiven motivierte Leben führte zu Uneinigkeit unter den Muslimen und einem Zerbrechen der *umma*, der Gemeinschaft aller Muslime. Für al-Banna ist dies anti-islamisch und er glaubt, dass dies die Muslime schwach gemacht hat, weshalb es für westliche Mächte so einfach war, den Orient zu erobern.[224]

Um die Muslime wieder zu stärken, müssen diese wieder zu den ursprünglichen Werten des Islam zurückfinden. Dazu müssen diese anerkennen, dass der Islam eine universelle Ideologie ist, die jeden Lebensbereich durchdringt. Jeder Teil des Lebens soll durch den Islam geprägt sein. Um dies zu vermitteln, ist die Erziehung der Muslime (*tarbiyya*) hin zu den Werten zentral.[225]

Diese Erziehung beruht dabei auf fünf Prinzipien, die die Universalität des Islams begründen: 1. *Rabbaniyya*; das Erkennen der Göttlichkeit in den Prinzi-

---

[221] Mustafa. 2013. S. 35.

[222] Mustafa. 2013. S. 35 f.

[223] Moser. 2012. S. 52.

[224] Moser. 2012. S. 53.

[225] Hafez. 2014. S. 153.

pien des Islams und in allen Verbindungen, die Menschen untereinander eingehen. 2. *Shumuliyya*; das Anerkennen des Islams als allumfassende Weltanschauung. 3. Aktivismus der islamischen Gemeinschaft. 4. Ausgeglichenheit aller Muslime. 5. Brüderlichkeit aller Mitglieder der *umma*.[226] Die Erziehung, geleitet durch diese Prinzipien, sollen die Mitglieder der Muslimbruderschaft übernehmen, da es ihre göttliche Mission ist, die Menschen zurück zum Islam zu führen und jeder Muslimbruder sich für die *umma* aufopfert.[227]

Abgeschlossen ist dieser Transformationsprozess der Muslime, wenn die *umma* wiedervereint ist und eine politische Einheit aller Muslime unter der Herrschaft des Kalifen existiert. Wie der Weg zu dieser Herrschaft aussieht, soll später genauer betrachtet werden. Vorher muss aber auf das Koranverständnis al-Bannas eingegangen werden.

Wie bereits erwähnt, spricht sich al-Banna sich gegen eine wörtliche Auslegung des Korans ausspricht und es einer Auslegung bedarf. Al-Banna geht davon aus, dass der Koran die Basis sämtlicher sozialen Beziehungen der Muslime ist. Dieser erlegt den Muslimen die Pflicht zur Menschlichkeit auf, weshalb die Muslime die beste humane Gemeinschaft bilden. Dadurch und durch die universellen Wahrheiten des Korans ist der Islam den westlichen Philosophien überlegen und hat einen natürlichen Führungsanspruch in der Welt. Al-Banna schreibt dazu: "It is the culture and civilization of Islam which deserves to be adopted and not the materialistic philosophy of Europe."[228] Wichtig ist hierbei, dass die *Shari'ah* Geltung bekommt, da diese die Rechte und Pflichten der Muslime definiert. Allerdings ist die *Shari'ah* für al-Banna interpretierbar und muss an die örtlichen und zeitlichen Umstände angepasst werden.[229] Dazu muss die *Shari'ah* aber zuerst von den alten (falschen) Interpretationen befreit werden, um sie modern interpretieren zu können. Nach der Interpretation soll die *Shari'ah* flexibel, für alle gültig, in ständiger Entwicklung und universal gültig sein.[230] Zentrale Gebote des Islams, wie das Fasten und ständige Bescheidenheit müssen weiter integraler Bestandteil sein. Desweitern sollte jeder gute Muslim, der der *Shari'ah* folgt, über ein starkes Selbstbewusstsein verfügen, standhafte Loyalität gegenüber dem Islam besitzen, sich für die *umma* aufopfern und fundamental vom Islam überzeugt sein.

---

[226] Hafez. 2014. S. 153.

[227] al-Banna, Hassan: What is our message? Islamic Publication Limited. Lahore. 1995. S. 15.

[228] al-Banna. 1995. S. 4.

[229] al-Banna. 1995. S. 17.

[230] Künzl. 2008. S. 28.

Diese Tugenden sollen die nächste Generation, die mit der oben beschriebenen Erziehung heranwächst, prägen.[231]

Der Islam prägt durch seine Universalität nicht nur den Glauben, sondern das ganze Leben. Für al-Banna ist der Islam somit "a complete system regulating all aspects of life and including a system of social norms, government, legislation, law, and education."[232] Wie der Islam sich nun auf den Staat und das Politische auswirkt, soll im folgenden Teil gezeigt werden.

4.1.3 Islam, Staatlichkeit und Politik

Aufgrund dessen, das der Islam für al-Banna ein allumfassendes Systems ist, welches die einzig wahre Lebens- und Gesellschaftsordnung vorgibt, ist eine Trennung von Staatlichkeit, Politik und Islam nicht denkbar.[233] Eine Konkurrenz von Politik und Religion gibt es für al-Banna nicht, denn "Politics is part of religion [...] Caesar and what belongs to Caesar is for God Almighty alone."[234] Wie sieht nun ein Staat in al-Bannas Vorstellung, aus in welchem die Politik und die Staatlichkeit dem Islam untergeordnet sind? Hassan al-Banna geht es im eigentlichen Sinne nicht um ein spezielles Regierungssystem. Für ihn ist es eminent wichtig, dass die *Shari'ah*, die flexibel interpretierbar ist, als Rechtsordnung durchgesetzt wird.[235] Um dies zu gewährleisten, sieht al-Banna am Anfang des Staates den Koran. Auf der Basis der Prinzipien des Korans handeln der oder die Herrscher mit den Bürgern einen Gesellschaftsvertrag aus. In diesem ist geregelt, dass der Herrscher als Vertreter der Gemeinschaft agiert, dass er gegenüber den Bürgern verantwortlich ist, von diesen gewählt oder abgewählt werden kann und dass die Vermittlung zwischen Herrschern und Bürgern durch die *shura*, also die Beratung, erfolgt.[236] Der Staat, der aus diesem Gesellschaftsvertrag auf Basis des Korans entsteht, ist ein islamisch geprägter Rechtsstaat. Al-Banna plädiert in der Folge dafür, dass dieser Staat demokratisch geprägt sein sollte, da die Demokratie als Staatsform den Prinzipien des Islams am nächsten kommen würde. Die *shura* würde dann von einem Parlament durchgeführt werden und der Staat wäre auf folgenden 15 Prinzipien aufgebaut.

---

[231] al-Banna. 1995. S. 21 ff.

[232] al-Banna zitiert nach Mousalli. 2013. S. 133.

[233] Moser. 2012. S. 54.

[234] al-Banna zitiert nach Moser.2012. S. 55.

[235] Moser. 2012. S. 56.

[236] Hafez. 2014. S. 164.

1. die Anerkennung der Autorität des Volkes
2. faire und freie Wahlen
3. Glaubensfreiheit
4. freie Religionsausübung anerkannter Offenbarungsreligionen (Judentum, Christentum, Islam)
5. Meinungsfreiheit und Freiheit, die eigene Meinung öffentlich zu vertreten
6. das Recht zur Gründung von Parteien, verbunden mit dem Recht, gegen sie zu ermitteln, wenn sie Verfassungsbruch begehen
7. Versammlungsfreiheit
8. friedliches Demonstrationsrecht
9. begrenzte Legislaturperiode; Neutralität des Staates und des Militärs bei Wahlen
10. Wahlrecht für alle Männer und Frauen, die volljährig sind
11. passives Wahlrecht für alle Männer und Frauen, die volljährig sind
12. vollständige Unabhängigkeit der Justiz
13. Teilung von Anklageführung und Richtern
14. Aufgabe der Armee ist die Landesverteidigung; Verbot des Einmischens in die Politik; ein Minister darf nicht Teil des Militärs sein
15. die Polizeigewalt darf nicht vom Militär ausgeführt werden; die Polizei soll von den Herrschenden nicht zum Machterhalt missbraucht werden, sondern das Recht durchsetzen; Polizei muss kontrolliert werden

Quelle: Hafez. 2014. S. 167 f. eigene Darstellung.

Warum wählt al-Banna ausgerechnet diese 15 Prinzipien? Zum einen ist es wohl in seiner persönlichen Erfahrung mit dem ägyptischen System zu seinen Lebzeiten begründet. König Farouk herrschte mit der Macht des Militärs und der Unterstützung der Briten. Es gab zwar Wahlen, diese waren allerdings häufig vom Militär kontrolliert. Eine wahre Gewaltenteilung gab es nicht und al-Banna musste als Führer der Muslimbruderschaft regelmäßig die Repressalien des Regimes fürchten.[237] Der andere Grund ist der, den er regelmäßig

[237] Rinehart, Christine Sixta: Volatile Breeding Grounds: The Radicalization of the Egyptian Muslim Brotherhood. In: Studies in Conflict Terrorism. Vol 32. 2009.

selbst nennt, nämlich dass er wohl wirklich der Auffassung war, dass ein rechtsstaatliches demokratisches System perfekt zur islamischen Vorstellung der *shura* passt. In diesem Zusammenhang schränkt er allerdings seine Prinzipien etwas ein. Er befürwortet zwar das Recht, Parteien zu gründen, einen wahren Parteienpluralismus lehnt er allerdings ab. Er hat die Vorstellung, dass alle Parteien islamische Grundwerte vertreten und in den wesentlichen Punkten der Politik Einigkeit herrschen sollte. Die Parteien sollten eher „Ständevertretungen" sein, in denen Gelehrte, Wissenschaftler und Führer regionaler und religiöser Gruppen organisiert sind. So könnte eine gute *shura* des oder der Herrscher gewährleistet werden.[238] Al-Banna ist der Meinung, dass er durch diese Maßnahme Korruption und persönliche Bereicherung der Politiker verhindern könnte, da solche Volksvertreter die *umma* spalten würden.

Die 15 Prinzipien sind allerdings noch nicht das Ende seiner Vorstellung von Staatlichkeit. Der oder die Herrscher sind neben dem Volk vor allem einem gegenüber verantwortlich, und das ist Gott. Die Regierungsarbeit soll vor allem durch islamische Wertvorstellungen geprägt sein. Diese soll die Muslime dabei unterstützen, ein tugendhaftes Leben zu führen.[239] Das ist deshalb notwendig, weil ohne einen solchen Staat die Muslime vom wahren Islam abkommen würden und eine muslimische Gesellschaft sich nicht selbst organisieren würde. Der islamisch geprägte Staat verpflichtet die Muslime und alle anderen Bürger, nach den islamischen Tugenden, der gemeinsamen Moral und der Spiritualität zu leben, und setzt das islamische Recht (die *Shari'ah*) durch gegen alle, die nicht nach diesen Werten leben. Der Staat kann die *Shari'ah* aber nicht verändern, sondern sie nur interpretieren, da diese, genauso wie die Werte, gottgegeben ist.[240] Das bedeutet auch, dass die oben in den Prinzipien beschriebene Religionsfreiheit für alle Offenbarungsreligionen eingeschränkt wird. Man darf zwar einer anderen Religion angehören, muss sein tägliches Leben aber trotzdem nach den islamischen Vorstellungen und der *Shari'ah* führen.

Ein Staat, der nach den 15 Prinzipien auf Basis eines Gesellschaftsvertrags und den islamischen Tugenden aufgebaut ist, kann nach al-Banna eine gerechte Ökonomie mit Wohlstand für alle, eine Politik, die von Einheit, Freiheit und Gerechtigkeit geprägt ist und eine Gesellschaft mit sozialer Gleichheit erschaffen.[241] Dieser islamische Staat würde den Menschen dienen und nicht

S. 959 – 964.

238 Hafez. 2014. S. 165.

239 Mousalli. 2013. S. 132.

240 al-Banna. 1995. S. 28 f.

241 Hafez. 2014. S. 159.

in einer Tyrannei oder einem autoritären Regime enden, denn im Gegensatz zu anderen Ideologien und Religionen ist der Islam laut al-Banna eine Religion mit einem guten sozialen System, in welchem die Gleichheit und Einheit aller schon im Koran im Vordergrund stehe, sodass keine Menschen eine herausgehobene Position in der Gesellschaft erreichen können.[242] Muslim zu sein ist für al-Banna somit nicht nur ein religiöser Faktor, sondern auch ein politischer und sozialer. Er schreibt: "We, the Muslims, are neither communists nor democrats nor anything similar to what they [the British] claim; we are, by God's grace, Muslims, which is our road to salvation from Western colonialism."[243]

Der Idealstaat, den al-Banna entwickelte, ist für ihn allerdings nur ein Zwischenschritt hin zum größeren Ziel, der Einheit der *umma* im wiedererrichteten Kalifat.[244] Seine moderaten Ziele eines islamischen demokratischen Rechtsstaats werden von der Muslimbruderschaft in späterer Zeit allerdings nicht mehr weiter verfolgt. Schon in den 1940er Jahren radikalisiert sich die Gruppe, nachdem das ägyptische Regime beginnt, mit Repressalien gegen die Bruderschaft vorzugehen.[245] Nach seiner Ermordung radikalisiert sich die Gruppe unter Sayyid Qutb und seinen anderen Nachfolgern und es bilden sich viele radikale Ableger, wie die Hamas, denen al-Bannas Forderungen zu westlich waren. Diese Weiterentwicklung der Ideen soll hier aber nichtw eiter verfolgtw erden; vielmehr stellt sich die Frage: Wie passt al-Bannas Vorstellung eines islamischen Staates nun zu den liberalen Anforderungskriterien? Dies soll der nächste Abschnitt zeigen.

4.1.4 Vergleich mit den liberalen Anforderungskriterien

Die Ideen Hassan al-Bannas scheinen auf den ersten Blick wenig mit den liberalen Anforderungskriterien zu tun zu haben, weshalb nun der genauere Vergleich mit folgenden Anforderungen erfolgt:

Die erste Anforderung nach einer institutionellen Trennung von Staat und Religion lehnt al-Banna strikt ab. (vgl. S. 66 f.) Für ihn sind Staat und Politik Teil des Islam und eine Trennung der Sphären ist undenkbar, da dies zu der Gesellschaft führen würde, die die westlichen säkularen Einflüsse in Ägypten geschaffen haben und die al-Banna zeit seines Lebens vor Augen hat. Während der erste Punkt relativ schnell abgehandelt werden konnte, ist der zweite,

---

242 Mousalli. 2013. S. 139.

243 al-Banna zitiert nach Mousalli. 2013. S. 140.

244 Hafez. 2014. S. 157.

245 Rinehart. 2009. S. 963 f.

die liberale Forderung nach Toleranz aller Aktuere, schon komplexer. Al-Banna sieht in seinen oben gezeigten 15 Prinzipien des Rechtsstaats zwar eine Religionsfreiheit für alle Offenbarungsreligionen, namentlich Judentum, Christentum und Islam vor, schränkt deren Freiheit aber auch gleichzeitig wieder ein, da diese sich an die islamischen Rechte halten müssen (vgl. S. 68 f.). Das Alkoholverbot des Islam würde beispielsweise die rituelle Ausführung des christlichen Gottesdienstes mit Wein einschränken. Des Weiteren sind polytheistische Religionen von al-Bannas Religionsfreiheit ausgeschlossen. Die staatliche Toleranz lässt somit nur manche Religionsgemeinschaften zu. Von der Toleranz der Gemeinschaften und der Bürger untereinander spricht er nicht explizit. Jedoch kann eine Toleranzpflicht der Muslime gegenüber den Offenbarungsreligionen dadurch abgeleitet werden, dass diese sich an die Regeln der *Shari'ah* halten sollen, die der Staat durchsetzt. Da somit auch die 15 Prinzipien al-Bannas mit der *Shari'ah* kompatibel sein müssen, scheint eine Toleranzpflicht gegenüber Christentum und Judentum implizit gegeben. Al-Bannas Vorstellung von Religionsfreiheit erfüllt somit teilweise das zweite Kriterium.

Die freie Ausübung der Religion schließt hier an. Al-Banna lässt zwar eine freie Ausübung des Judentums und Christentums zu, schränkt dieses Recht aber ein und gesteht es anderen Religionsgemeinschaften gar nicht zu (vgl. S. 67). Die Begründung ist dieselbe wie beim letzten Kriterium und auch hier muss festgehalten werden, dass al-Banna das Kriterium höchstens teilweise erfüllt und dem liberalen Anspruch nicht vollkommen gerecht wird.. Da die Anforderung aber lautet freie Ausübung für alle Bürger, schafft es al-Banna nicht der Anforderung der liberalen Theoretiker gerecht zu werden. Die Bereitschaft zur Zusammenarbeit mit Andersgläubigen ist implizit gegeben, solange sich diese an das islamische Recht halten und die Vorrangstellung des Islams in der Gesellschaft akzeptieren. Al-Banna garantiert auch Minderheitengruppen Rechte und gesteht diesen Gruppen politische Partizipation durch ein aktives und passives Wahlrecht zu (vgl. S. 67). Da sein System durch die *shura*, die Beratung im Parlament, geprägt ist, sollte dort eine Bereitschaft zur Kooperation mit Andersgläubigen und Andersdenkenden bestehen, solange diese sich auf die Prinzipien und Rechte des Islams einlassen. Das Kriterium ist also erfüllt solange sich alle an die Prinzipien des Islams halten.

Da der politische Diskurs von islamischen Werten geprägt sein soll, erübrigt sich die Frage, ob Religionsgemeinschaften sich im Diskurs äußern dürfen. Der Islam und damit seine Moralvorstellung, seine Werte und seine Ethik sollen die Politik leiten. Das impliziert, dass sich Vertreter des Islam im politischen Prozess äußern sollen (vgl. S. 68 f.). Für andere Religionsgemeinschaften gilt dies aber nicht in diesem Maße. Schließlich müssen diese, wollen sie ihre Rechte behalten, die Vorrangstellung des Islams, seine Wertvorstellungen und das Rechtssystem der *Shari'ah* akzeptieren und diese im politischen Prozess vertreten, da alle Gruppen in der Politik die Grundüberzeugungen des Islams teilen müssen (vgl. S. 68). Eine freie Meinungsäußerung ist also nicht möglich. Hier schließt sich die sechste Anforderung, Mandatsträger sollten im Entscheidungsfindungsprozess rational und faktenorientiert handeln und ihre religiösen Ansichten hinten anstellen, direkt an. Für Mandatsträger gilt in al-Bannas Vorstellung dasselbe wie für Parteien; eine Orientierung an den islamischen Grundwerten und eine Pflicht in der Politik, diese zu vertreten. Eine rationale Orientierung an Fakten, wie sie die Liberalen fordern, ist für ihn undenkbar. Er ist der Meinung, dass rationale Vernunft die Menschen nicht weit führen kann, da ihr die Möglichkeit fehlt, Wahrheiten mit universellem Anspruch zu generieren.[246] Aus diesem Grund muss auch hier festgehalten werden, dass die Vorstellungen al-Bannas nicht zu den Anforderungen der liberalen Denker passen. Trotzdem ist al-Banna als Vertreter des modernen politischen Islams ziemlich moderat in seinen Vorstellungen vom islamischen Staat. Viele seiner Nachfolger, egal ob Sunniten oder Schiiten, vertreten radikalere Ideologien. Einer dieser Nachfolger, der von al-Bannas Texten beeinflusst wurde, wird im nächsten Teil vorgestellt. Es handelt sich um Ayatollah Ruhollah Khomeini, den Gründer der Islamischen Republik Iran.

4.2 Ayatollah Ruhollah Khomeini: die Islamische Regierung

Im nun folgenden Abschnitt wird die Vorstellung der Islamischen Regierung von Ayatollah Khomeini (1902 - 1989) dargestellt. Dieser ist als Gründungsfigur der Islamischen Republik Iran der erste Schiit, der die Einheit von Politik und Islam nicht nur durchdenkt, sondern auch in einer Revolution 1979 durchsetzen kann. Bis heute wird der Iran nach dem System des Khomeinismus regiert, einer Mischung aus Theokratie, autoritärer Herrschaft und demokratischen Elementen. Wie dieser Khomeinismus sich zusammensetzt, soll in drei Abschnitten dargestellt werden. Da sich die Vorstellungen im Laufe seines Lebens veränderten und zunehmend radikalisierten, sollen die drei Abschnitte chronologisch seine frühen Jahre, die Vorstellungen vor der Revolution 1979 und die Ideen und Implementierungen dieser im Iran nach 1979 darstellen. Im Folgenden wird deshalb seine Biographie regelmäßig in die Erläuterungen einfließen, statt sie am Anfang kurz darzustellen.

[246] Mousalli. 2013. S. 136.

4.2.1 Einstellungen des jungen Khomeini

Ruhollah Khomeini wurde am 24. September 1902 in Khomein geboren, einer kleinen Provinzstadt südwestlich von Teheran und Qom, dem spirituellen schiitischen Zentrum. Seine Ahnenreihe ist geprägt von religiösen Gelehrten, die sich selbst als leibliche Nachfahren des Propheten Mohammed bezeichneten. Aus diesem Grund war es klar, dass Khomeini, genauso wie sein älterer Bruder, eine theologische Ausbildung verfolgte.[247] Er studierte die islamische Mystik, das islamische Recht (die *Shari'ah*), die islamische und griechische Philosophie und die Ethik des Islam. Er ist damit der Einzige, der jemals in allen vier theologischen Teildisziplinen des Islam die höchsten Ränge erreicht hat. Er gilt auch deshalb als einzigartig, weil er sein Wissen nicht nur zum Nachdenken oder Unterrichten nutzte, sondern sich auch praktisch an die erworbenen Kenntnisse wie die korrekte Einhaltung der *Shari'ah*, der Ethik und der Mystik hielt, obwohl dies lange als nicht möglich galt, da sich die Erkenntnisse der Teilgebiete zu sehr voneinander unterscheiden und teilweise sogar entgegengesetzte Handlungsanweisungen liefern.[248]

Bei seinen politischen Einstellungen war Khomeini bis in die 1950er Jahre auf einer Linie mit den anderen schiitischen Gelehrten und deren jahrhundertealten Auffassung vom Verhältnis von Staat und Islam. Dies war geprägt von politischer Zurückhaltung und dem Erdulden der Herrschaft des jeweiligen Herrschers.[249] Nach schiitischer Vorstellung kann die göttliche Herrschaft nur vom Propheten Mohammed oder seinen Nachfolgern, den Imamen ausgeübt werden. Da der 12. Imam allerdings in der Erzählung der Schiiten schon als Kind verschwunden und somit niemals gestorben ist, ist die Herrschaft Gottes unterbrochen. Die Verborgenheit des 12. Imam wird erst am Ende der Zeit enden. Dann kommt der Imam und errettet die Muslime. In der Zeit der Verborgenheit sorgt die *ulama* (der schiitische Klerus) für die Einhaltung der islamischen Gesetze und Ethik und erduldet die Fremdherrschaft durch weltliche Herrscher, bis der 12. Imam wiederkehrt.[250] Der Klerus ist in dieser Zeit nur für die Bewahrung des Glaubens und die Durchsetzung der *Shari'ah* zuständig.[251] Faktisch existiert eine institutionelle Trennung von Staat und Islam.

---

[247] Knysh, Alexander: Irfan Revisited: Khomeini and the Legacy of Islamic Mystical Philosophy. In: Middle East Journal. Vol. 46/ No. 4. Herbst 1992. S. 633.

[248] Mahdavi, Mojtaba: Ayatollah Khomeini. In: Esposito, John L.; Shahin, Emad El-Din: The Oxford Handbook of Islam and Politics. Oxford University Press. Oxford. 2013. S. 181.

[249] Mahdavi. 2013. S. 181.

[250] Hafez. 2014. S. 210.

[251] Mahdavi. 2013. S. 181 f.

Aus diesem Grund ist die *ulama* traditionell apolitisch, quietistisch und antirevolutionär. Khomeini folgt dieser Auffassung bis in die 1950er Jahre und akzeptiert die Herrschaft des Shahs. Jedoch beginnt er schon Ende der 1940er Jahre, sich politisch zu engagieren. Gründe sind die Ungerechtigkeit unter dem Regime des Shahs und Anfang der 50er Jahre der Sturz der demokratisch gewählten Regierung Mossadeqs durch die CIA und den MI6 und die folgende Wiedererrichtung der Herrschaft des Shahs.[252] Obwohl Khomeini kein Freund der Nationalisten rund um Mossadeq war, verurteilte er die Einmischung der Westmächte in die Politik des Nahen Ostens. Die Abhängigkeit vom Westen, die freundliche Einstellung des Shahs gegenüber Israel sowie geplante Beschneidungen der Privilegien der *ulama* durch das Regime und die zunehmende Unterdrückung der Gegner des Regimes führten zu einer Radikalisierung Khomeinis.[253] Diese zweite Phase seines Lebens, die von den 1950er Jahren bis 1979 andauert, soll im folgenden Teil näher erläutert werden.

4.2.2 Politische Vorstellungen und Radikalisierung vor der Revolution 1978-79

Die zweite Phase des Lebens Khomeinis ist geprägt vom Widerstand gegen die Regierung des Shahs. Unterstützt wurde Khomeini in dieser Phase vor allem von Laien, die sich wie schon bei al-Banna gegen die Lehren des Klerus wendeten. Diese Anhänger sind eine bunte Mischung von Menschen, die viele Einflüsse wie die Vorstellungen von Marx, Weber, Sartre, aber auch klassische schiitisch theologische Ideen aus dem Mittelalter vereinen.[254] Da der Shah die Aufstände zunehmend niederschlagen lässt und mit immer mehr Repressalien reagiert, wendet sich Khomeini ab 1963 offen gegen den Shah. Dies ist möglich, weil Khomeini 1963 von der *ulama* zum höchsten schiitischen Gelehrten ernannt wurde und er somit über eine charismatische Autorität verfügt, die ihn zum Handeln befugt.[255] Da der Druck der Repressalien in der Folgezeit stärker wird, muss Khomeini 1965 ins Exil nach Najaf, dem schiitischen Zentrum im Irak, fliehen. Dort predigt er zu iranischen Pilgern und entwickelt in Vorträgen 1969 - 70 sein Konzept der Islamischen Regierung.

---

[252] Mahdavi. 2013. S. 182 f.

[253] Hafez. 2014. S. 211.

[254] Hafez. 2014. S. 211 f.

[255] Mahdavi. 2013. S. 183.

Aufgrund seiner Erfahrungen mit dem Regime des Shahs plädiert Khomeini nun für eine Islamische Regierung. Doch welche anderen Gründe gibt es für die Notwendigkeit dieser Regierungsform? Zunächst stellt Khomeini fest, dass eine Gesellschaft in jedem Fall eine Regierung braucht. Ohne sie würden Chaos, Anarchie und Korruption ausbrechen. Um das Gesetz durchzusetzen und für Recht und Ordnung zu sorgen, braucht es folglich eine Regierung. Da das Gesetz, welches durchzusetzen ist, von Gott gegeben wurde (die *Shari'ah*), ist es klar, dass die Regierung islamisch geprägt sein muss. Denn die *Shari'ah* ist nicht an Zeit und Ort gebunden, sondern ist bis zum Ende der Zeit gültig.[256] Ohne eine Institution, die dieses Recht durchsetzt, können Muslime nicht glücklich sein. Deshalb ist jeder, der gegen die Durchsetzung der *Shari'ah* durch eine islamische Regierung ist, ein Ungläubiger, der die Gültigkeit des Islams verneint. Nur die Islamische Regierung kann dafür sorgen, dass die Muslime wieder aufrecht und tapfer werden und dass das Wohl aller gesichert ist.[257] Die Islamische Regierung würde die Muslime wieder erstarken lassen und zurück zu alter Größe führen. Denn die Gründung Israels war nur möglich, weil die Muslime ihre göttliche Pflicht zur Verteidigung der Heimat und zur Errichtung der Regierung vergessen haben.[258] Khomeini wendet sich nun auch gegen die Monarchien, die im Nahen Osten vorherrschen, und nennt diese unislamisch und blasphemisch, weshalb diese gestürzt werden müssten. Dies ist die Pflicht aller Muslime. Da diese aber nicht von alleine darauf kommen, muss die *ulama* vorangehen. Er schreibt dazu:

> "How can we stay silent and idle today when we see that a band of traitors and usurpers, the agents of foreign powers, have appropriated the wealth and the fruits of labor of hundreds of millions of Muslims [...] granting the Muslims not the least right to prosperity?"[259]

Er wendet sich damit nicht nur gegen die Regierung des Shahs, sondern auch gegen die traditionelle Haltung des schiitischen Klerus, der lieber auf die Rückkehr des 12. Imams wartet, als selbst zu handeln.

Nachdem die Gründe für die Errichtung der Islamischen Regierung genannt wurden, muss man fragen: Wie soll nun diese Regierung aussehen? Khomeini geht davon aus, dass der Koran das komplette Sozialsystem und auch die Regierungsform vorgibt.:

---

256 Khomeini, Ruhollah: Islam and Revolution. Mizan Press. Berkeley. 1981. S. 41 f.

257 Khomeini. 1981. S. 43 ff.

258 Islami, Sayyid Hasan: Imam Khomeini. Ethics and Politics. International Affairs Department. Teheran. 2003. S. 197.

259 Khomeini. 1981. S. 50 f.

> "Islam is a programme for life and for government [...] It is more than a few words on morality. [...] It regulates life from before birth, family life and life in society. It does not just involve prayer and pilgrimage. [...] Islam has a political agenda and provides for the administration of a country."[260]

Der eigentliche rechtmäßige Herrscher wäre der 12. Imam; da es aber noch lange dauern kann, bis dieser wiederkehrt, braucht es eine Zwischenherrschaft, die die Ziele des Islam durchsetzt, damit die Muslime nicht die Prinzipien des Islam vergessen und gegen sie handeln.[261] Diese Zwischenherrschaft kann jeder ausüben, der über zwei Kriterien verfügt: 1. das Wissen über die islamischen Gesetze (*Shari'ah*) und die Traditionen des Islams. 2. Er muss ein Vorbild in Glaube und Moral sein und gerecht herrschen.[262] Allerdings ist es wichtig, dass sich der Herrscher beim höchsten islamischen Gelehrten, dem *faqih* regelmäßig beraten lässt und sich ihm unterordnet. Sticht kein einzelner Gelehrter durch seine Weisheit aus dem Klerus heraus, übernimmt diese Aufgabe ein Rat der Gelehrten (*fuqaha*). Da dies aber umständlich ist, könnte der *faqih* auch gleich selbst herrschen, da dann der Herrscher als Mittler wegfallen würde.[263] Diese Herrschaftsform nennt Khomeini *Walayat al-Faqih´*, die Herrschaft des islamischen Rechtsgelehrten.

Alle Muslime haben die Pflicht, dem *faqih* beziehungsweise der *fuqaha* bedingungslos zu gehorchen, da sie das göttliche Gesetz repräsentieren. Der *faqih* verfügt deshalb über denselben Status wie der Prophet Mohammed und die 12 Imame, die ihm nachfolgten. Einzig die Unfehlbarkeit besitzt der *faqih* nicht.[264] Zu erwähnen ist hier, dass Khomeini schon 1970 sich selbst die Rolle des *faqih* zudachte und mit diesem letzten Schachzug seine eigene Autorität stärken wollte. Einmal an der Macht, ist es die Aufgabe des Gelehrten, die *Shari'ah* als staatliches Recht zu implementieren. Hierbei sollte nicht wie bei al-Banna eine moderne Interpretation zum Zuge kommen, sondern das Gesetz sollte wörtlich angewandt werden, da die *Shari'ah* schon alle menschlichen Bedürfnisse abdecken würde. Genauso wie alle anderen Muslime muss sich der *faqih* auch an die *Shari'ah* halten. Seine Macht ist dadurch begrenzt.[265] Aufgrund dessen nennt Khomeini seine Herrschaftsform konstitutionell. Er

[260] Khomeini zitiert nach: Martin, Vanessa: Creating an Islamic State. Khomeini and the Making of a New Iran. I.B. Tauris Co. Publishers. London. 2000. S. 113.

[261] Hafez. 2014. S. 214.

[262] Khomeini. 1981. S. 60.

[263] Khomeini. 1981. S. 60 f.

[264] Martin. 2000. S. 120.

[265] Martin. 2000. S. 122.

meint damit nicht die Rückbindung der Herrschaft an das Volk, sondern die Bindung an Prinzipien und Gesetze des Korans, der Sunna und der *Shari'ah*.[266]

Die Regierung des *faqih* ist nun aber nicht der Gesetzgeber, sondern nur die Exekutive. Die Rolle des Gesetzgebers ist in dieser Form der Herrschaft alleine Gott vorbehalten. Die Regierung gleicht eher einem Planungsrat, der den Gesetzen und Vorgaben Gottes Geltung verschafft und diese ohne Eigeninteresse durchsetzt.[267] Die Regierung ist damit keine Diktatur oder Tyrannei eines einzelnen Herrschers, sondern in Khomeinis Sichtweise die Regierung eines Rechtsstaats: "Islamic government is a government of law. In this form of government sovereignity belongs to God alone and law is His decree and command."[268] "Islamic government may therefore be defined as the rule of divine law over men."[269] Wie kommt der *faqih* allerdings zu seiner Position? Khomeini geht davon aus, dass die persönliche Autorität und das Wissen um die islamischen Gesetze dazu führen würde, dass der wahre *faqih* von den Gläubigen und vom Klerus erkannt werden würde und ihm dann automatisch alle gehorchen würden.[270] Der Glaube der Muslime würde dazu führen, dass die Menschen die Herrschaft des *faqih* beziehungsweise der *fuqaha* akzeptieren würden, um selbst wieder zu erstarken.[271]

Abgesehen von dieser Vorstellung von der Herrschaft eines Gelehrten war seine Vorstellung von einem Staat 1970 noch ziemlich unklar. Erst während der Revolution entwickelt sich bei ihm eine Vorstellung, wie er seine Idee des *Wilayat al-Faqih* in das bestehende System des Iran integrieren könnte. Deshalb soll im nächsten Teil auf seine Rolle in der Revolution und die Ausdifferenzierung seiner Vorstellungen eingegangen werden.

4.2.3 Entwicklung der Ideen während und nach der Revolution

Der Beginn der Iranischen Revolution 1978 liegt in den immer stärker werdenden Repressalien des Shahs, um sein Volk regieren zu können. Massenhafte Arbeitslosigkeit, die Verarmung der Bevölkerung trotz des Ölreichtums und

---

[266] Sabet, Amr GE: Wilayat al-Faqih and the Meaning of Islamic Government. In: Adib-Moghaddam, Arshin (Hrsg.): A Critical Introduction to Khomeini. Cambridge Univer sity Press. Cambridge. 2014. S. 76.

[267] Hafez. 2014. S. 219.

[268] Khomeini. 1981. S. 56.

[269] Khomeini. 1981. S. 55.

[270] Sabet. 2014. S. 77 f.

[271] Martin. 2000. S. 122.

die immer stärkere Beschneidung der Befugnisse des Klerus lösen die Revolution letztlich aus.[272] Getragen werden die Demonstrationen von sehr heterogenen Gruppen wie den Marxisten, den Nationalisten und den Anhängern Khomeinis, die sich gemeinsam gegen die Regierung des Shahs zusammenschließen.[273] Problematisch wurde dieses Bündnis nach dem 16. Januar 1979. An diesem Tag musste der Shah aus dem Iran fliehen, und kurz nach dem Erreichen dieses Ziels zerbrach auch schon die Koalition der verschiedenen Gruppen. Khomeini kehrte in dieser Phase in den Iran zurück und schaffte es mit seinem Charisma und seiner Autorität, zwischen den Gruppen zu vermitteln und sich selbst somit über die Konflikte zu stellen.[274] Faktisch hat er damit schon den Posten des *faqih* erreicht, da er innerhalb kürzester Zeit 1979 zum Ansprechpartner und Vermittler zwischen den verschiedenen Gruppen wird und seine eigene Machtposition festigt.

Relativ schnell ist er nun gezwungen, seine Ideen den Gegebenheiten anzupassen. Zum einen existiert immer noch eine starke Armee, zum anderen ein Parlament, in welchem viele verschiedene Parteien sitzen, die alle unterschiedliche Ziele für den Iran vor Augen haben. Khomeini ernannte deshalb relativ schnell den Konservativen Mehdi Bazargan zum Übergangspremierminister, da dieser gute Verbindungen zur Armee und zu den verschiedenen Parteien hatte.[275] Dieser ist allerdings Khomeini verpflichtet und wird von diesem kontrolliert. Wichtig war es ihm zu diesem Zeitpunkt, dass kein klerikaler Gelehrter die Regierungsgeschäfte übernimmt, da die Akzeptanz dafür gefehlt hätte. Dies spielt damit seiner Vorstellung, die *ulama* über den Staat zu stellen, in die Karten.

> "The religious scholars do not wish to become Prime Minister or President, and indeed it is not in their interest to do so. They do, however, have a role to play [...] the role they have is one of supervision, not of assuming executive positions [...] the expertise of the religious scholars lies in the area of Islamic law."[276]

Nachdem Bazargan seine Schuldigkeit getan und das Militär sowie die Parteien auf Khomeinis Linie gebracht hatte, entließ Khomeini diesen als Premier-

---

[272] Rouleau, Eric: Khomeini's Iran. In: Foreign Affairs. Vol. 59. Herbst 1980. S. 2 ff.

[273] de Groot, Joanna: Religion, Culture and Politics in Iran. From the Qajars to Khomeini. I.B. Tauris Co.Publishers. London. 2007. S. 241.

[274] de Groot. 2007. S. 245.

[275] Rouleau. 1980. S. 7.

[276] Khomeini zitiert nach: Mavani, Hamid: Religious Authority and Political Thought in Twelver Shi'ism. From Ali to Post-Khomeini. Routledge. London. New York. 2013. S. 193.

minister. Allerdings war Khomeinis Macht noch nicht gesichert. Dies geschah erst, nachdem Studenten die amerikanische Botschaft in Teheran gestürmt, und die Amerikaner versucht hatten diese in einer missglückten Mission der Army unter Beteiligung der CIA zu befreien. Die Untätigkeit der Armee in diesem Konflikt offenbarte Khomeinis Gegner und er hatte nun die Möglichkeit, diese aus der Armee und dem Staatsapparat zu entfernen.[277] Letztlich dauerte es bis 1982, bis die Konsolidierung der Macht Khomeinis und der neuen Iranischen Republik abgeschlossen war.[278]

Doch wie entwickelte sich das System des Iran unter der Führung Khomeinis? Khomeini schaffte es tatsächlich, seine Idee des *Wilayat al-Faqih* umzusetzen. Diesen Posten nahm er selbst ein und führte damit auch den sogenannten Wächterrat ein, der die Umsetzung der Idee der *fuqaha* war. Die Tagespolitik übernahmen aber ein Präsident und das Parlament, welche beide vom Volk gewählt wurden. Die Kandidaten, die zur Wahl antreten durften, mussten aber vom Wächterrat bestätigt werden und durften nur zwei Legislaturperioden à vier Jahre ihre Ämter ausüben.[279] Sabet nennt diese Form ein Orientierungsregime, da der Klerus zwar an der Spitze des Staates steht, nicht aber die tatsächliche Regierung übernimmt, sondern dieser und dem Volk Orientierung gibt. Aufgrund dieser Konstellation und der Vermischung von Volk, Staat, Politik und Islam entstehen viele Machtzentren im System, welche teilweise miteinander koalieren, aber auch in Konkurrenz miteinander stehen.[280] Trotz der faktischen Fusion von Politik und Religion ist das politische Feld relativ unabhängig, polyzentrisch und dynamisch. Politik im Iran wird damit zum religiös legitimierten Entscheidungsprozess.[281]

Wie steht es aber um Minderheiten- und Frauenrechte in diesem System? Kurz nach der Revolution wird die *Shari'ah* als gültiges Recht eingeführt. Alle Frauen werden von diesem Zeitpunkt an gezwungen, in der Öffentlichkeit Kopftuch zu tragen. Wer sich weigert, muss vom Arbeitgeber entlassen werden.[282] Frauen dürfen ab diesem Zeitpunkt nur noch ausgewählte Fächer studieren. Die religiöse und juristische Führung haben die Männer, weshalb auch nur diese Theologie oder Islamisches Recht studieren dürfen. Für politische Ämter dürfen auch Frauen kandidieren, wenn sie vom Wächterrat zuge-

---

[277] Rouleau. 1980. S. 15.

[278] de Groot. 2007. S. 245.

[279] Sabet. 2014. S. 81.

[280] Sabet. 2014. S. 81 f.

[281] Sabet. 2014. S. 84 f.

[282] Kian, Azadeh: Gendered Khomeini. In: Adib-Moghaddam, Arshin (Hrsg.): A Critical Introduction to Khomeini. Cambridge University Press. Cambridge. 2014. S. 184 f.

lassen werden. Dazu müssen sie zwingend Muslime sein.[283] Während Frauen im öffentlichen Bereich relativ viele Freiheiten besitzen, hat im privaten Bereich der Mann das Sagen.[284] Religionsfreiheit ist in einem gewissen Maße vorhanden. Juden und Christen dürfen im privaten Bereich ihre Religion ausüben, solange sie sich an die islamischen Gesetze halten. In der Öffentlichkeit ist das Praktizieren und Missionieren verboten. Muslimen droht die Todesstrafe, wenn sie zum Judentum oder Christentum konvertieren. Für polytheistische Religionen gibt es ein Verbot, da nur ein Gott existieren kann. Außerdem ist das Wahlrecht für Nicht-Muslime eingeschränkt. So wird die Dominanz des Islam durch die islamische Auswahl der Kandidaten für Ämter und eine eingeschränkte Presse- und Meinungsfreiheit im Iran gefestigt.[285] Während manche der Frauenrechte in den letzten Jahren ausgeweitet wurden, gelten die Regeln der Religionsfreiheit bis heute.[286]

In den letzten Jahren seiner Regierung baute Khomeini dieses System allerdings um. Er fürchtete einen Machtverlust der *ulama* nach seinem Tod und zog daher ab 1987 mehr Macht an sich. Zum einen erlaubte er Mitgliedern des Klerus nun doch die Ausübung politischer Ämter.[287] Zum anderen sprach er dem *faqih*, also sich selbst, die Kompetenz zu, die *Shari'ah* umgehen zu können, wenn sie das Wohl des Staates gefährden würde. Des Weiteren kann er von diesem Zeitpunkt an Gesetze erlassen, die nicht gottgegeben sind. Er kann damit essentielle Säulen des Islam wie die Pilgerfahrt (*hajj*) nach Mekka oder das Fasten im Ramadan für die Bürger des Iran aussetzen: "I should state that the government [...] is one of the primary injunctions of Islam and has priority over all other secondary injunctions, even prayer, fasting and *hajj*."[288] Kurz darauf nutzt Khomeini diese neue Macht und setzt die *hajj* auf unbestimmte Zeit aus.[289] Durch diese Ausdehnung der Macht zementiert er den Einfluss der *ulama* auf die Politik bis heute und ordnet alles, auch die religiösen Grundprinzipien, den Interessen der Islamischen Regierung unter.[290]

---

283 Kian. 2014. S. 185 f.

284 Kian. 2014. S. 188.

285 Bösch, Frank: Zwischen Shah und Khomeini. Die Bundesrepublik Deutschland und die Islamische Revolution im Iran. In: Vierteljahrshefte für Zeitgeschichte. Band 63. Heft 3. 2015. S. 330.

286 Amnesty International. Jahresbericht 2012. https://www.amnesty.de/jahresbericht/2012/Iran (Stand: 14.02.2017).

287 Mavani. 2013. S. 193

288 Khomeini zitiert nach Mavani. 2013. S. 182.

289 Hafez. 2014. S. 220.

290 Mahdavi. 2013. S. 188.

Das letzte Problem, das Khomeini zu lösen hatte, war seine Nachfolge. Problematisch war nur, dass kein Mitglied des Wächterrats ein Sympathisant seiner neuen absoluten Auslegung des *Wilayat al-Faqih* war. Da aber laut Verfassung nur einer dieser Mitglieder sein Nachfolger werden konnte, änderte er kurzerhand die Verfassung. Er nahm Kompetenzen des Präsidenten und gab diese dem Amt des *faqih* und legte fest, dass der *faqih* von nun an nicht mehr die höchste Stufe der schiitischen Lehre erreicht haben musste.[291] Durch diesen Schachzug konnte nach seinem Tod am 03 Juni 1989 sein bevorzugter Nachfolger Ali Khamenei zum neuen *faqih* ernannt und das System des Khomeinismus bewahrt werden.[292] Khamenei hält die Position bis heute und hat nur wenig an der Amtsauffassung seines intellektuellen Ziehvaters Khomeini verändert. Dazu hatte er auch nicht wirklich eine Option, da Khomeini schon 1970 schreibt, dass die Entscheidungen und Urteile eines *faqih* auch nach dessen Tod weiter Gültigkeit besitzen und von seinen Nachfolgern weiter befolgt werden müssen.[293] Wie passt der Khomeinismus nun aber zu den liberalen Vorstellungen von Staat und Religion. Dies soll im abschließenden Teil der Rekonstruktionen nun folgen.

4.2.4 Vergleich der Vorstellungen mit den liberalen Anforderungen

Wie passen die Vorstellungen des Ayatollah Khomeini zu den liberalen Anforderungen? Dies soll im letzten Vergleich hier näher betrachtet werden:

Der erste Punkt, die institutionelle Trennung von Staat und Religion, ist zügig mit den Vorstellungen Khomeinis verglichen. Eine Trennung von Staat und Politik gibt es in seiner Vorstellung nicht. Politik und Islam sind für ihn untrennbar verbunden (vgl. S. 74 ff.). Das Infragestellen dieser Verbindung ist für ihn ein ketzerischer Akt, der denjenigen, der diese Zweifel äußert, als Ungläubigen und Sünder entlarvt.[294] Betrachtet man das zweite Kriterium, dann lässt sich feststellen, dass eine gewisse Toleranz gegenüber dem Judentum und Christentum besteht, deren Rechte jedoch eingeschränkt sind. Was die Baha'i (eine Mischung aus Judentum, Christentum und Islam mit ca. 300 000 Mitgliedern im Iran) und die polytheistischen Religionen angeht, muss man feststellen, dass für sie nicht diese Toleranz besteht. (vgl. S. 80) Desweiteren ist festzuhalten, dass nicht nur von staatlicher Seite die Toleranz fehlt, sondern

---

291 Mahdavi. 2013. S. 189 f.

292 Mahdavi. 2013. S. 190.

293 Khomeini. 1981. S. 98 f.

294 Hafez. 2014. S. 216 f.

dass auch die muslimischen Bürger des Iran zu Formen der Unterdrückung gegenüber Mitgliedern anderer Religionen neigen. Aufgrund dessen ist das Kriterium der Toleranz laut Amnesty International bis heute nicht erfüllt.[295]

Die freie öffentliche Ausübung der eigenen Religion ist kein Recht, das alle Bürger genießen können. Gerade Anhänger der nicht anerkannten Religionen (Baha'i, Hinduismus, Buddhismus usw.) haben gar keine Möglichkeit ihren Glauben zu praktizieren. Christen und Juden dürfen dies wenigstens im Privaten tun (vgl. S. 80). Eine öffentliche Ausübung, verbunden mit dem Gründen von Gemeinden, Synagogen oder Kirchen ist jedoch nicht möglich. Deshalb wird auch hier im Gegensatz zu al-Banna die liberale Anforderung nicht erfüllt. Bei al-Banna ist zumindest das öffentliche Praktizieren eines anderen Glaubens für Offenbarungsreligionen möglich. Auch die Bereitschaft zur Kooperation mit Nicht-Muslimen, das vierte liberale Kriterium, ist im Khomeinismus kaum gegeben. Allein die Tatsache, dass man Muslim sein muss, um sich politisch zu engagieren, deutet schon auf seine Bereitschaft zur Kooperation mit Andersgläubigen hin. Eine wirkliche Kooperation ist in Khomeinis Vorstellung allerdings auch nicht notwendig, da die *Shari'ah* beziehungsweise der *faqih* sämtliche Rahmenbedingungen für das soziale Leben in der Gesellschaft vorgeben. Innerhalb dieser Rahmen kann sich jeder frei bewegen. Eine Debatte über die Rahmensetzung ist aber nicht vorgesehen (vgl. S. 75 ff.).

Im politischen Diskurs äußern sollte sich am besten niemand. Da die Gesetze des Islam, die auch die Gesetze des Staates sind, von Gott gegeben wurden, ist es gar nicht notwendig, darüber zu debattieren. Die Deutung der Gesetze obliegt alleine dem *faqih* beziehungsweise der *fuqaha*. Die Politik ist in diesem System nur Erfüllungsgehilfin für den Willen Gottes (vgl. S. 76 f.). Aus diesem Grund ist es auch klar, dass sich Vertreter anderer Religionsgemeinschaften nicht an diesem Prozess beteiligen sollten, da ihre Interpretationen des Gotteswillens ohnehin grundlegend falsch sind. Khomeini sagt dies zwar nicht explizit, jedoch lässt seine Interpretation der Rollen des islamischen Klerus, der *Shari'ah* und des Islam in seinem System keinen anderen Schluss zu. Das Recht auf freie Meinungsäußerung, wie von den liberalen Denkern gefordert, ist somit nicht erfüllt. Schaut man sich das letzte Kriterium, die Forderung, dass Mandatsträger faktenorientiert und rational handeln, an, dann muss man feststellen, dass auch dieses von Khomeini nicht erfüllt werden kann. Um ein Mandatsträger zu werden, muss man Muslim sein und vom Wächterrat zur Wahl zugelassen werden oder als Mitglied der *ulama* vom *faqih* in den Wächterrat berufen werden. In beiden Fällen muss man ein treuer und gläubiger

---

[295] Amnesty International. Jahresbericht 2012. https://www.amnesty.de/jahresbericht/2012/Iran (Stand: 14.02.2017).

Muslim sein, der seinen Glauben auch öffentlich vertritt (vgl. S. 79). Wer es in diesem System in das Präsidentenamt, den Wächterrat oder ins Parlament geschafft hat, würde dann kaum Entscheidungen auf Basis rationaler Argumente treffen können. Dies muss er aber auch gar nicht, da die politischen Positionen sowieso nur zum Umsetzen der bereits von Gott beziehungsweise dem *faqih* getroffenen Entscheidungen dienen. Ein faktenorientiertes rationales Handeln ist daher nicht notwendig und von Khomeini auch nicht vorgesehen.

Man kann nach diesem kurzen Abgleich mit den Kriterien der liberalen Denker feststellen, dass Khomeinis Vorstellung zum Verhältnis von Staat und Islam keines dieser Kriterien erfüllt. Im nächsten Teil sollen nun die Ergebnisse der fünf Vergleiche zusammengefasst und die unterschiedlichen Ansichten der fünf religiösen Denker miteinander verglichen werden.

5 Zusammenfassung und Vergleich der verschiedenen Sichtweisen

Wie lassen sich die bisherigen Ergebnisse nun zusammenfassen und hinsichtlich der am Anfang gestellten Thesen interpretieren? Zunächst sollen die Ergebnisse der fünf einzelnen Vergleiche mit den liberalen Anforderungskriterien noch einmal kurz dargestellt werden.

	institutionelle Trennung Staat & Religion	Toleranz aller Akteure untereinander	umfassende Religionsfreiheit für alle Religionen	Bereitschaft zur Kooperation	Meinungsfreiheit für Religionsgemeinschaften im politischen Diskurs	rationales Handeln der Mandatsträger
Augustinus	✓	×	×	⊘	×	×
Joseph Ratzinger	✓	✓	✓	✓	✓	×
Heinrich Bedford-Strohm	✓	✓	✓	✓	✓	⊘
Hassan al-Banna	×	⊘	⊘	✓	×	×
Ruhollah Khomeini	×	×	×	×	×	×

Legende: ✓= erfüllt × = nicht erfüllt ⊘ = teilweise erfüllt

Geht man nun die einzelnen Kriterien nacheinander durch, findet man deutliche Unterschiede. Während die drei christlichen Autoren Augustinus, Ratzinger und Bedford-Strohm das Kriterium der Trennung von Staat und Religion erfüllen und sich aktiv für eine Trennung von Staat und Religion einsetzen, lehnen die Vertreter des Islams al-Banna und Khomeini eine Trennung von Staat und Islam rigoros ab. Beide sehen im Islam explizit eine Einheit von Staat, Politik und Islam, resultierend aus der umfassenden Gültigkeit der *Shari'ah*, des Koran und der Sunna. Eine Trennung von Staat und Religion, wie sie die christlichen Autoren als vorteilhaft für beide Seiten sehen, ist nicht möglich.

Bei dem zweiten Kriterium wird das Bild schon diversifizierter. Da Augustinus „De Civitate Dei" in der Absicht schreibt, das Schisma zwischen Donatisten und Katholiken zu überwinden, ist eine Toleranz gegenüber anderen Auslegungen des Christentums gar nicht möglich. Ratzinger und Bedford-Strohm haben als Vertreter der modernen katholischen und evangelischen Kirchen moderne plurale Gesellschaften akzeptiert und akzeptieren auch, dass es andere Wahrheitsansprüche neben dem Christlichen geben kann und soll. Al-Banna toleriert zumindest Offenbarungsreligionen im öffentlichen Raum und fordert für diese auch den Respekt der Muslime und des Staates ein. Polytheistische Religionsgemeinschaften sind davon aber ausgeschlossen. Khomeini toleriert im öffentlichen Raum keine anderen Religionsgemeinschaften neben dem Islam. Man darf zwar Christ oder Jude sein, muss aber die Regeln und Gesetze des Islam akzeptieren und darf nicht darauf hoffen, dass muslimische Bürger einem mit Respekt begegnen. Vielmehr bestimmen bis heute Repressalien das Verhältnis von Muslimen und Nicht-Muslimen.

Eine umfassende Religionsfreiheit, die die freie öffentliche Religionsausübung miteinschließt, lehnen Augustinus und Khomeini rigoros ab. Augustinus akzeptiert zwar, dass es auch Nicht-Christen gibt, ist aber Vertreter eines einigen Christentums mit universellem Wahrheits- und Geltungsanspruch. Anderen christlichen Strömungen wie den Donatisten wird deshalb der Wahrheitsanspruch abgesprochen, damit diese die Geltung der katholischen Kirche akzeptieren. Im Notfall soll der Staat mit Gewalt für diese Akzeptanz und Anerkennung sorgen. Bei Khomeini sind es ähnliche Motive, die ihn die Religionsfreiheit einschränken lassen. Da für ihn nur der Islam über absolute Wahrheiten verfügt, kann auch nur dieser einen universalen Geltungsanspruch besitzen. Missionierung gehört dadurch zur Pflicht der Muslime. Eine Zugehörigkeit zum Christentum oder Judentum ist möglich. Die öffentliche Praktizierung des eigenen Glaubens aber nicht. Al-Banna vertritt in diesem Punkt eine abgeschwächte Form von Khomeinis Vorstellungen. Bei ihm existiert eine staatlich garantierte Religionsfreiheit, die eine freie öffentliche Ausübung von Christentum und Judentum, mit der Einschränkung der islamischen Gesetze zulässt. Das Konsumieren von Wein beim Gottesdienst wäre beispielsweise unzulässig. Genauso wie bei Khomeini gilt seine Religionsfreiheit aber nur für die Religionen, die an den gemeinsamen Gott glauben, egal ob sie ihn Jehova, Gott oder Allah nennen.

Ratzinger und Bedford-Strohm haben, wie oben erwähnt, die Existenz von pluralen ausdifferenzierten Gesellschaften akzeptiert. Sie vertreten eine umfangreiche Religionsfreiheit für alle Religionsgemeinschaften, die dem Staat gegenüber nicht feindlich gesinnt sind. Extremistische Gruppierungen oder radikale Sekten werden damit ausgeschlossen. Dies ist aber im Rahmen dessen, was die liberalen Theoretiker unter vernünftigen Religionen verstehen.

Eine Bereitschaft zur politischen Kooperation mit Andersgläubigen oder Nichtgläubigen akzeptieren Ratzinger, Bedford-Strohm und al-Banna. Alle drei sehen Vorteile für die Gesamtgesellschaft darin, wenn verschiedene Ansichten über politische Themen miteinander diskutiert werden können, um eine Synthese zu erreichen. Bei al-Banna ist es allerdings dadurch eingeschränkt, dass die Gesetze des Islam bei dieser Kooperation respektiert werden müssen. Eine Kooperation mit Gruppierungen, die dies nicht anerkennen, ist wohl nicht möglich. Unter der Bedingung der jeweiligen Vorstellung von Rechtsstaatlichkeit ist aber eine Bereitschaft zur Kooperation gegeben.

Augustinus ist bereit, mit Nicht-Christen zu kooperieren. Gerade für die Christen, die Mitglied der *civitas dei* sind, kann eine Kooperation nützlich sein, da dies zu irdischem Frieden führen könnte. Dieser nützt dann nicht nur den Nicht-Christen, sondern auch den Christen. Eine Kooperation mit anderen Strömungen des Christentums ist aber nicht in seinem Sinne, da es für ihn nur eine wahre Auslegung des Christentums gibt. Khomeini lehnt eine Bereitschaft zur Kooperation vollständig ab. Für ihn müssen sich alle an das islamische Gesetz halten. Eine Debatte über Gesetze oder politische Entscheidungen findet in seiner Vorstellung gar nicht statt, da die Gesetze gottgegeben sind und ohne Widerspruch befolgt werden müssen. Sämtliche Rahmenbedingungen des Zusammenlebens sind durch die *Shari'ah* vorgegeben. Sie regelt jegliche Formen der ökonomischen und sozialen Kooperation, eine politische Zusammenarbeit mit Nicht-Muslimen ist dann nicht mehr notwendig.

Eine richtige Meinungs- beziehungsweise Äußerungsfreiheit im politischen Entscheidungsprozess garantieren nur Ratzinger und Bedford-Strohm allen vernünftigen Religionsgemeinschaften. Beide erwarten dadurch positive Effekte für die Gesellschaft und hoffen darauf, dass die Orientierung durch Religionsgemeinschaften in moralischen oder ethischen Fragen zu einem Ergebnis führt, das im Sinne der christlichen Ethik ist. Augustinus fordert eine Offenheit des Staates gegenüber religiösen Äußerungen. Die Möglichkeit, diese zu nutzen, gesteht er allerdings nur den Vertretern des Christentums zu. Ähnlich sieht es bei al-Banna und Khomeini aus. Beide lassen die Einflussnahme und die freie Meinungsäußerung islamischer Geistlicher zu, gestehen dieses Recht aber keiner anderen Religion zu. Die Einheit von Staat und Islam bei al-Banna und Khomeini fordert explizit die Befolgung der *Shari'ah*. Da die Auslegung dieser Gesetze den Geistlichen gebührt, ist ein Recht auf Meinungsäußerung im politischen Prozess impliziert.

Das letzte Kriterium lehnen alle außer Bedford-Strohm vollständig ab. Als religiösen Vertretern scheint allen das Verdrängen der eigenen religiösen Identität im politischen Prozess nicht nur unmöglich, sondern auch unmoralisch beziehungsweise bei al-Banna und Khomeini sogar ein Verstoß gegen die Vorgaben des Islams zu sein. Ratzinger findet das Vorschreiben einer Verleugnung der eigenen Religiosität unmoralisch, da die Entscheidungsträger gerade in ethischen Debatten ihrem Gewissen und ihren moralischen Vorstellungen folgen sollten. Einzig Bedford-Strohm fordert von Politikern eine klare Orientierung an Fakten. Jedoch sollten sie hier die Orientierung von Religionsgemeinschaften akzeptieren und die eigene religiöse Moral durchaus mit in Betracht ziehen. Ein vollständiges Lösen davon kann auch er nicht befürworten.

Zusammenfassend lässt sich nun sagen, dass nur Bedford-Strohm und Ratzinger fast alle Kriterien erfüllen. Bedford-Strohm geht in manchen Punkten allerdings noch weiter als Ratzinger und sogar weiter als die liberalen Kriterien es erfordern würden. Wenn er beispielsweise für eine Zweisprachigkeit der Religionsgemeinschaften plädiert, ist er auf einer Ebene mit Rawls, der dies anfangs zur Bedingung einer Beteiligung von Religionsgemeinschaften am politischen Prozess machte. Augustinus und al-Banna erfüllen zumindest manche der liberalen Kriterien. Kompatibel sind sie mit einer modernen liberalen Auffassung von Staatlichkeit allerdings nicht. Khomeini erfüllt keinen der Punkte. Seine Vorstellung einer Islamischen Regierung widerspricht allem, was Liberale in den letzten 300 Jahren entwickelt haben. Eine Kompatibilität ist daher nicht gegeben.

Die These, dass es Unterschiede zwischen den Denkern der beiden Religionen und auch innerhalb der Religionen gibt, hat sich bestätigt. Die Ausdifferenzierung im Christentum hat dazu geführt, dass sich die Vorstellungen vom optimalen Verhältnis von Staat und Religion in den letzten Jahrhunderten verändert haben. Während sie anfangs auseinanderdrifteten, nähern sich die Vorstellungen seit dem Zweiten Vatikanischen Konzil wieder an. Die Analyse der ähnlichen Vorstellungen von Joseph Ratzinger und Heinrich Bedford-Strohm zeigt dies. Innerhalb des Islams ist der Unterschied deutlicher. Während bei der schiitischen Vorstellung Khomeinis vor allem der schiitische Klerus, die *ulama* und deren Privilegien im Vordergrund stehen, geht es dem Sunniten Hassan al-Banna darum, islamische Prinzipien in die Staatlichkeit einzubringen, nicht aber die Geistlichen, gegen die er sich schon in den 20er Jahren wendet. Die Unterschiede in den Vorstellungen sind also deutlich geworden.

Die Erwartung Tocquevilles, die zur zweiten These führte, ist auch bestätigt worden. Er ging davon aus, dass das Christentum kompatibler gegenüber dem liberalen Rechtsstaat ist als der Islam. Als Grund nannte er, dass der Islam politische Vorgaben macht, die das Christentum in dieser Form nicht kennt. Nach dem Vergleich der fünf Autoren kann dieser These im Rahmen der hier präsentierten Analyse zugestimmt werden. Gerade die modernen Vertreter des Christentums vertreten Auffassungen, die den liberalen Vorstellungen sehr ähnlich sind. Al-Banna und Khomeini versuchen zwar rechtsstaatliche Elemente in ihr politisches System zu integrieren, können jedoch die meisten liberalen Anforderungen nicht oder nur teilweise erfüllen, da die *Shari'ah* ihnen Vorgaben macht, die mit den Kriterien der liberalen Denker nicht kompatibel sind. Es ist aber klar, dass noch mehr islamische Denker untersucht werden müssten, um die These Tocquevilles final zu bestätigen.

6 Fazit & Ausblick

Welches Fazit lässt sich nun aus dieser Arbeit ziehen? Es konnte festgestellt werden, dass es Unterschiede zwischen den verschiedenen Denkern des Christentums und Islams gibt und dass sich deren Vorstellungen auch von den liberalen Vorstellungen unterscheiden. Wie sich dies genau darstellt wurde im vorangegangenen Abschnitt gezeigt. Desweiteren konnte gezeigt werden, dass es sich immer noch lohnen kann das Verhältnis von Staat und Religion zu besprechen. Ein Vergleich von verschiedenen Sichtweisen auf das Verhältnis von Staaten und Religionen, wie in dieser Arbeit geschehen, kann helfen, eine systematischere Sicht zum Thema aufzubauen. Um dies noch besser tun zu können, sollten weitere Denker des Christentums und Islams betrachtet und die gesamte Analyse auf weitere Religionen ausgeweitet werden. Die zionistische Bewegung beispielsweise hat interessante Ansichten zu dem Thema, die in Israel heute noch in der Tagespolitik relevant sind. Gerade jetzt, wo Israel, getragen vom neuen Aufschwung der Beziehungen mit den USA, den Siedlungsbau im Westjordanland wiederaufnimmt, sollte man das jüdische Verständnis eines jüdischen Staates betrachten.

Auch polytheistische Religionen haben Vorstellungen von der Beziehung ihrer jeweiligen Religion zum Staat. Hindu-Nationalisten haben beispielsweise die Vorstellung, dass ein hinduistischer Staat von religiösen Prinzipien wie dem Kastensystem geprägt sein sollte. Nur reine Hindus (*Aryas*) sollten darin ein Bürgerrecht genießen. Die Vorstellungen gehen zurück auf Madhav Sadashiv Golwalkar, der in den 40er Jahren als Vorsitzender des Rashtriya Swayamsevak Sangh, einem Freiwilligenkorps zur Verbreitung des radikalen Hinduismus, die Vorstellung hat, dass ein hinduistischer Staat (Hindusthan) über eine gemeinsame Ethnie, Religion, Kultur und Sprache verfügen müsse.[296] Beeinflusst wird er hier von der Rasselehre der Nationalsozialisten und vermischt diese mit klassischen hinduistischen Motiven.

Eine Erweiterung der Analyse um Autoren des Judentums, Hinduismus, Buddhismus, der Sikhs und der Baha'i könnte interessante Ergebnisse liefern und eventuell auch zeigen, warum die Realisierung eines *Overlapping Consensus* à la Rawls zwischen so vielen verschiedenen Weltanschauungen in einer Gesellschaft komplex sein kann.

[296] Golwalkar, Madhav Sadshiv: We or our nationhood defined. Nagpur. 1939. S. 55.

Literatur- und Quellenverzeichnis

Onlinequellen:

Amnesty International. Jahresbericht 2012. https://www.amnesty.de/jahresbericht/2012/Iran (Stand: 14.02.2017).

Bedford-Strohm, Heinrich: Öffentliche Theologie und Kirche. Abschiedsvorlesung an der Universität Bamberg am 26. Juli. 2011. http://landesbischof.bayern-evangelisch.de/Reden-2011-124.php (Stand: 20.01.2017).

Bedford-Strohm, Heinrich: Was darf Religion? In: Die Zeit. 33/2016. 04.08.2016. http://www.zeit.de/2016/33/staat-religion-demokratie-staat-gewalt-terrorismus (Stand: 22.01.2017).

ekd.de: Wolfgang Schäuble: Ein selbstbewusster Protestantismus ist wichtig für Deutschland. https://www.ekd.de/aktuell_presse/103732.html (Stand: 23.01.2017).

Fischer, Johannes: Gefahr der Unduldsamkeit. Die "Öffentliche Theologie" der EKD ist problematisch. Auf: Zeitzeichen.net. 20.04.2016. http://zeitzeichen.net/no_cache/religion-kirche/kritik-an-der-ekd-theologie/?sword_list%5B0%5D=johannes&sword_list%5B1%5D=fischer (Stand: 20.01.2017).

Locke, John. A Letter Concerning Toleration. 1689. http://socserv2.socsci.mcmaster.ca/econ/ugcm/3ll3/locke/toleration.pdf. (Stand: 09.12.2016).

Locke, John: An Essay concerning Toleration (1667). In: Milton, Philip, Milton, J. R. The Clarendon Edition of the Works of John Locke: An Essay Concerning Toleration: And Other Writings on Law and Politics, 1667–1683. Oxford Scholarly Editions Online. 2013. http://www.oxfordscholarlyeditions.com/view/10.1093/actrade/9780199575732.book.1/actrade-9780199575732-div2-27?r-1=1.000&wm-1=1&t-1=contents-tab&p1-1=1&w1-1=1.000&p2-1=1&w2-1=0.400. (Stand: 09.12.2016).

Thielmann, Wolfgang: Heinrich Bedford-Strohm. Der Tablet-Theologe. Auf. ZEIT ONLINE. 11.11.2014. http://www.zeit.de/gesellschaft/zeitgeschehen/2014-11/heinrich-bedford-strohm-portraet (Stand: 23.01.2017).

Zeitungs- und Zeitschriftenbeiträge / Aufsätze:

Adam, Armin: Heilsgeschichtliche Soziologie. Augustinus' negative Politische Theologie. In: Zeitschrift für Politikwissenschaft. Jg. 42. Heft 2. 1995. S. 149-167.

Bedford-Strohm, Heinrich: Kirche in der Zivilgesellschaft. In: Weth, Rudolf (Hrsg.): Was hat die Kirche heute zu sagen? Auftrag und Freiheit der Kirche in der pluralistischen Gesellschaft. Neukirchener Verlagsgesellschaft. Neukirchen-Vluyn. 1998. S. 92-108.

Bedford-Strohm, Heinrich: Öffentliche Theologie als Theologie der Hoffnung. In: Link-Wieczorek, Ulrike (Hrsg.): Reich Gottes und Weltgestaltung: Überlegungen für eine Theologie im 21. Jahrhundert. Neukirchener Verlagsgesellschaft. Neukirchen-Vluyn. 2013a. S. 75-83.

Bedford-Strohm, Heinrich: Öffentliche Theologie in der Zivilgesellschaft. In: Höhne Florian; van Oorschot, Frederike (Hrsg.): Grundtexte Öffentliche Theologie. Evangelische Verlagsanstalt. Leipzig. 2015. S. 211-226.

Bedford-Strohm, Heinrich: Öffentliche Theologie und politische Verantwortung. In: Abmeier, Karlies; Borchard, Michael; Riemenschneider, Matthias (Hrsg.): Religion im öffentlichen Raum. Schöningh-Verlag. Paderborn. 2013b, S. 27-39.

Bedford-Strohm, Heinrich: Vorrang für die Armen. Öffentliche Theologie als Befreiungstheologie einer demokratischen Gesellschaft. In: Nüssel, Friederike (Hrsg.): Theologische Ethik der Gegenwart. Mohr Siebeck-Verlag. Tübingen. 2009. S. 167-182.

Bösch, Frank: Zwischen Shah und Khomeini. Die Bundesrepublik Deutschland und die Islamische Revolution im Iran. In: Vierteljahreshefte für Zeitgeschichte. Band 63. Heft 3. 2015. S. 319-350.

Brachtendorf, Johannes: Augustinus: Die civitas dei und der gerechte Staat. In: Brantl, Dirk.; Geiger, Rolf.; Herzberg, Stephan.: Philosophie, Politik und Religion. Klassische Modelle von der Antike bis zur Gegenwart. Akademie-Verlag. Berlin 2013. S. 39-53.

Brantl, Dirk: John Locke über Gründe und Grenzen der Toleranz. In: Brantl, Dirk; Geiger, Rolf; Herzberg, Stephan (Hrsg.): Philosophie, Politik und Religion. Klassische Modelle von Antike bis Gegenwart. Akademie-Verlag. Berlin. 2013. S. 145-162.

Clayton, Matthew; Stevens, David: When God Commands Disobedience: Political Liberalism and Unreasonable Religions. In: Res Publica. No. 20. 2014. S. 65-84.

Coleman, Janet: Augustinus. In: Redhead, Brian (Hrsg.); Starbatty, Joachim (Hrsg.): Politische Denker. Von Plato bis Popper. Verlag Bonn Aktuell. Stuttgart. 1988. S. 61-82.

Conty, Arianne: Profane Illuminations: Democracy and Messianic Faith. In: Politics. Religion & Ideology. Vol. 16. No. 1. 2015. S. 39-64.

Fortin, Ernest L.: Justice as the Foundation of the Political Community: Augustine and his Pagan Models. In: Horn, Christoph (Hrsg.): Augustinus. De Civitate Dei. Akademie Verlag. Berlin. 1997. S. 41-62.

Frankfurter Rundschau: "Freiheit ist ansteckend". 2. November 2010.

Fuchs, Simon Wolfgang; Garling, Stephanie: Religion und Demokratie. In: Fuchs, Simon Wolfgang; Garling, Stephanie (Hrsg.): Religion in Diktatur und Demokratie. Zur Bedeutung religiöser Werte, Praktiken und Institutionen in politischen Transformationsprozessen. LIT-Verlag. Berlin. 2011. S. xi-xvi.

Grotefeld, Stefan: Book Review. In: Ethical Theory and Moral Practice. Vol. 3. 2000. S. 337-340.

Habermas, Jürgen: Nachwort. In: Rawls, John; Nagel, Thomas (Hrsg.): Über Sünde, Glaube und Religion. Wissenschaftliche Buchgesellschaft. Suhrkamp-Verlag. Berlin. 2010. S. 315-336.

Hildt, Moritz: Gerechtigkeit, Pluralismus und liberale Bescheidenheit. Religion und Politik bei John Rawls. In: Brantl, Dirk; Geiger, Rolf; Herzberg, Stephan (Hrsg.): Philosophie, Politik und Religion. Klassische Modelle von Antike bis Gegenwart. Akademie-Verlag. Berlin. 2013. S. 205-216.

Horn, Christoph: Politische Gerechtigkeit bei Cicero und Augustinus. In: Internationale Zeitschrift für Philosophie. Heft 2. 2002. S. 181-204.

Jedan, Christoph: Towards the Postsecular: Rawls and the Limits of secular Public Reason. In: Jedan, Christoph: Constellations of value. European Perspectives on the Intersections of Religion, Politics and Society. LIT-Verlag. Berlin. 2013. S. 109-120.

Kian, Azadeh: Gendered Khomeini. In: Adib-Moghaddam, Arshin (Hrsg.): A Critical Introduction to Khomeini. Cambridge University Press. Cambridge. 2014. S. 170 -192.

Kühnlein, Michael: Fetisch Säkularität: Zur Aufhebung der „großen Trennung“ von Religion und Politik bei Charles Taylor. In: Brantl, Dirk;

Geiger, Rolf; Herzberg, Stephan (Hrsg.): Philosophie, Politik und Religion. Klassische Modelle von Antike bis Gegenwart. Akademie-Verlag. Berlin. 2013. S. 217-231.

Knysh, Alexander: Irfan Revisited: Khomeini and the Legacy of Islamic Mystical Philosophy. In: Middle East Journal. Vol. 46. No. 4. Herbst 1992. S. 63 -653.

Mahdavi, Mojtaba: Ayatollah Khomeini. In: Esposito, John L.; Shahin, Emad El-Din: The Oxford Handbook of Islam and Politics. Oxford University Press. Oxford. 2013. S. 180-199.

Maier, Hans: Politische Theologie – neu besehen (Augustinus, De civitate Dei VI, 5-12). In: Zeitschrift für Politikwissenschaft. 50 Jg. Heft 4. 2003. S.363-376.

Malachuk, Daniel S.: Human Rights and a Post-Secular Religion of Humanity. In: Journal of Human Rights. Vol. 9. No. 2. 06.2010. S. 127-142.

Mousalli, Ahmad: Hassan al-Banna. In: Esposito, John L.; Shahin, Emad El-Din: The Oxford Handbook of Islam and Politics. Oxford University Press. Oxford. 2013. S. 129 - 143.

Rasmussen, David: Rawls, Religion, and the Clash of Civilizations. In: Telos. No. 167. New York. Summer 2014. S. 107-125.

Rhonheimer, Martin: Säkularer Staat, Demokratie und Naturrecht. Rechtsethische und demokratietheoretische Aspekte der Bundestagsrede Benedikts XVI. In: Essen, Georg (Hrsg.): Verfassung ohne Grund? Die Rede des Papstes im Bundestag. Herder-Verlag. Freiburg im Breisgau. 2012. S. 75-90.

Rinehart, Christine Sixta: Volatile Breeding Grounds: The Radicalization of the Egyptian Muslim Brotherhood. In: Studies in Conflict Terrorism. Vol 32. 2009. S. 953 – 988.

Rouleau, Eric: Khomeini's Iran. In: Foreign Affairs. Vol. 59. Herbst 1980. S. 1 – 20.

Sabet, Amr GE: Wilayat al-Faqih and the Meaning of Islamic Government. In: Adib-Moghaddam, Arshin (Hrsg.): A Critical Introduction to Khomeini. Cambridge University Press. Cambridge. 2014. S. 69-87.

Schelkshorn, Hans: Ein religiös fundiertes Naturrecht als vorpolitische Grundlage des modernen Rechtsstaats? Ein philosophischer Essay zur Ansprache Papst Benedikt XVI im Deutschen Bundestag. In: Essen, Georg (Hrsg.): Verfassung ohne Grund? Die Rede des Papstes im Bundestag. Herder-Verlag. Freiburg im Breisgau. 2012. S. 123-146.

Schmidt, Thomas M.: Öffentliche Vernunft – vernünftige Öffentlichkeit? Zum Verhältnis von Rationalität und Normativität in Rawls' politischem Liberalismus. In: Schmidt, Thomas M.; Parker, Michael G. (Hrsg.): Religion in der pluralistischen Öffentlichkeit. Echter-Verlag. Würzburg. 2008. S. 87-103.

Schröder, Peter: "Devoid of Faith, yet terrified of Scepticism". Die Bedeutung der Religion in John Stuart Mills politischer Theorie von Staat und Gesellschaft. In Asbach, Olaf (Hrsg.): Vom Nutzen des Staates. Staatsverständnisse des klassischen Utilitarismus Hume-Bentham-Mill. Nomos-Verlag. Baden-Baden. 2009. S. 229-246.

Sterba, James P.: Rawls and Religion. In: Davion, Victoria; Wolf, Clark: The Idea of a political Liberalism. Essays on Rawls. Rowman & Littlefield. Lanham. Boulder. New York. Oxford. 2009. S. 34-45.

Taylor, Charles: Für eine grundlegende Neubestimmung des Säkularismus. In: Mendieta, Eduardo; Van Antwerpen, Jonathan: Religion und Öffentlichkeit. Suhrkamp-Verlag. Frankfurt am Main. 2012. S. 53-88.

Turner, Frank M.: Alexis de Tocqueville and John Stuart Mill on Religion. In: La Revue Tocqueville. Vol. 27. No. 2. 2006. S. 149-172.

Van Oort, Johannes: Civitas dei – terrena civitas. The concept of the Two Antithetical Cities and Its Sources. In: Horn, Christoph (Hrsg.): Augustinus. De Civitate Dei. Akademie Verlag. Berlin. 1997. S. 157-169.

Waterman, A. M. C.: Mill versus Liberty. A review of Linda C. Rader's John Stuart Mill and the Religion of Humanity. In: The American Journal of Economics and Sociology. Vol. 64. No. 2. 02.04.2005. S. 723-734.

Wilson, Erin: Rethinking Religion and Politics in postsecular Europe. In: Jedan, Christoph: Constellations of value. European Perspectives on the Intersections of Religion, Politics and Society. LIT-Verlag. Berlin. 2013. S. 121-138.

Wolterstorff, Nicholas: Religious Reasons, Liberal Theory and Coercion. In: Schmidt, Thomas M.; Parker, Michael G. (Hrsg.): Religion in der pluralistischen Öffentlichkeit. Echter-Verlag. Würzburg. 2008. S. 67-85.

Monographien:

Adomeit, Klaus: Rechts- und Staatsphilosophie. Band I: Antike Denker über den Staat. UTB-Verlag. Heidelberg. 2001.

al-Banna, Hassan: What is our message? Islamic Publication Limited. Lahore. 1995.

Andrick, Michael: Göttlicher Wille und menschliche Macht. Strategien zur Befriedung der Gesellschaft bei Locke und Spinoza. Verlag Karl Alber. Freiburg im Breisgau. 2010.

Augustinus. De Civitate Dei. Schöningh-Verlag. Paderborn. 1979.

Augustinus: Des heiligen Kirchenvaters Aurelius Augustinus zweiundzwanzig Bücher über den Gottesstaat. Aus dem Lateinischen übers. von Alfred Schröder. Kempten; München. 1911-16.

Bedford-Strohm, Heinrich: Funkenflug – Glaube neu entfacht. adeo-Verlag. Aßlar. 2010.

Biegler, Johannes: Die Civitas Dei des heiligen Augustinus. In ihren Grundgedanken. Verlag der Junkemannschen Buchhandlung. Paderborn. 1894.

Böckenförde, Ernst-Wolfgang: Staat, Gesellschaft, Freiheit. Studien zur Staatstheorie und zum Verfassungsrecht. Suhrkamp-Verlag. Frankfurt am Main. 1976.

Brown, Peter: Augustinus von Hippo. Eine Biographie. Deutscher Taschenbuch Verlag. München. 2000.

Deane, Herbert A.: The Political and Social Ideas of St. Augustine. Columbia University Press. New York. London. 1963.

de Groot, Joanna: Religion, Culture and Politics in Iran. From the Qajars to Khomeini. I.B. Tauris Co. Publishers. London. 2007.

Figgis, John Neville: The political aspects of S. Augustine's City of God. Longmans, Green & Company. London. 1963.

Golwalkar, Madhav Sadshiv: We or our nationhood defined. Nagpur. 1939.

Habermas, Jürgen; Ratzinger, Joseph: Dialektik der Säkularisierung. Über Vernunft und Religion. Herder-Verlag. Freiburg im Breisgau. 2005.

Hafez, Farid: Islamisch-politische Denker. Eine Einführung in die islamisch-politische Ideengeschichte. Verlag Peter Lang. Frankfurt am Main. 2014.

Hirschberger, Johannes: Geschichte der Philosophie. Herder Verlag. Freiburg im Breisgau. 1999.

Islami, Sayyid Hasan: Imam Khomeini. Ethics and Politics. International Affairs Department. Teheran. 2003.

Khomeini, Ruhollah: Islam and Revolution. Mizan Press. Berkeley. 1981.

Knoblauch, Hubert: Religionssoziologie. de Gruyter Verlag. Berlin. 1999.

Künzl, Jan: Islamisten – Terroristen oder Reformer? Die ägyptische Muslimbruderschaft und die palästinensische Hamas. Tectum Verlag. Marburg. 2008.

Lam, Cong Quy Joseph: Joseph Ratzinger's Theological Retractions. Verlag Peter Lang. Bern. 2013.

Laufs, Joachim: Der Friedensgedanke bei Augustinus. Untersuchungen zum XIX. Buch des Werkes De Civitate Dei. Franz Steiner Verlag. Wiesbaden. 1973.

Martin, Vanessa: Creating an Islamic State. Khomeini and the Making of a New Iran. I.B. Tauris Co. Publishers. London. 2000.

Marx, Karl; Engels, Friedrich: Werke. Band 1. Karl Dietz Verlag. Berlin. 1976.

Mavani, Hamid: Religious Authority and Political Thought in Twelver Shi'ism. From Ali to Post-Khomeini. Routledge. London. New York. 2013.

May, Hans: Religion und die Zukunft der Demokratie. LIT-Verlag. Berlin. 2008.

Mill, John Stuart: Essays on Ethics, Religion and Society. University of Toronto Press. Routledge & Kegan Paul. Toronto. 1969.

Moser, Thomas J.: Politik auf dem Pfad Gottes. Zur Genese und Transformation des militanten sunnitischen Islamismus. Innsbruck University Press. Innsbruck. 2012.

Mustafa, Imad: Der Politische Islam. Zwischen Muslimbrüdern, Hamas und Hizbollah. Promedia Druck- und Verlagsgesellschaft. Wien. 2013.

Polke, Christian: Öffentliche Religion in der Demokratie. Eine Untersuchung zur Weltanschaulichen Neutralität des Staates. Evangelische Verlagsanstalt. Leipzig. 2009.

Ratzinger, Joseph: Kirche, Ökumene und Politik. Neue Versuche zur Ekklesiologie. Johannes Verlag. Einsiedeln. 1987.

Ratzinger, Joseph; Maier, Hans: Demokratie in der Kirche. Möglichkeiten, Grenzen, gefahren. Lahn-Verlag. Limburg. 1970.

Ratzinger, Joseph: Werte in Zeiten des Unrechts. Die Herausforderungen der Zukunft bestehen. Herder-Verlag. Freiburg im Breisgau. 2005.

Rawls, John; Nagel, Thomas (Hrsg.): Über Sünde, Glaube und Religion. Wissenschaftliche Buchgesellschaft. Suhrkamp-Verlag. Berlin. 2010.

Roos, Lothar; Münch, Werner; Spieker, Manfred: Benedikt XVI und die Weltbeziehung der Kirche. Schöningh-Verlag. Paderborn. 2015.

Schilling, Otto: Die Staats- und Soziallehre des hl. Augustinus. Herder Verlag. Freiburg im Breisgau. 1910.

Seidel, Bruno: Die Lehre vom Staat beim heiligen Augustinus. Breslau. 1910.

Tocqueville, Alexis de; Mayer, J.P.(Hrsg.): Über die Demokratie in Amerika. Reclam-Verlag. 1985.

Utz, Arthur F (Hrsg.): Glaube und demokratischer Pluralismus im wissenschaftlichen Werk von Joseph Kardinal Ratzinger. Zur Verleihung des Augustin-Bea-Preises. WBV-Verlag. Bonn. 1989.

Wiedenhofer, Siegfried: Die Theologie Joseph Ratzingers/ Benedikt XVI. Ein Blick aufs Ganze. Verlag Friedrich Pustet. Regensburg. 2016.